法律专家为民说法系列丛书

法律专家
教您如何打民事官司

亚　杰 编著

吉林文史出版社

图书在版编目(CIP)数据

法律专家教您如何打民事官司 / 亚杰编著. — 长春:
吉林文史出版社,2015.3
(法律专家为民说法系列丛书 / 张宏伟,吴晓明主
编)
ISBN 978-7-5472-2741-1

Ⅰ.①法… Ⅱ.①亚… Ⅲ.①民事诉讼法-案例-中
国 Ⅳ.①D925.105

中国版本图书馆 CIP 数据核字(2015)第 045045 号

法律专家教您如何打民事官司

编 著	亚 杰	
责任编辑	李相梅	
责任校对	宋茜茜	
丛书主编	张宏伟 吴晓明	
封面设计	清 风	
美术编辑	李丽薇	
出版发行	吉林文史出版社(长春市人民大街4646号)	
	全国新华书店经销	
印 刷	三河市祥宏印务有限公司	
开 本	720mm×1000mm 1/16	
印 张	12	
字 数	100 千字	
标准书号	ISBN 978-7-5472-2741-1	
版 次	2015 年 7 月第 1 版	
印 次	2018 年 6 月第 3 次印刷	
定 价	35.00 元	

如发现印装质量问题,影响阅读,请与印刷厂联系调换。

法律专家为民说法系列丛书

编委会

主　编：

张宏伟　　吴晓明

副主编：

马宏霞　　孙志彤

编　委：

迟　哲	赵　溪	刘　放	郝　义
迟海英	万　菲	秦小佳	王　伟
于秀生	李丽薇	张　萌	胡金明
金　昊	宋英梅	张海洋	韩　丹
刘思研	邢海霞	徐　欣	侯婧文
胡　楠	李春兰	李俊焘	刘　岩
刘　洋	高金凤	蒋琳琳	边德明

PREFACE

【前言】

　　在人们的生产、生活和工作中不可避免地会发生各种各样的矛盾和纠纷,例如房产纠纷、合同纠纷、继承纠纷、侵权纠纷、名誉权纠纷,等等,这些纠纷都可以通过民事诉讼来解决。民事诉讼就是民事官司,是指当事人之间因民事权益矛盾或者经济利益冲突,向人民法院提起诉讼,人民法院立案受理,在双方当事人和其他诉讼参与人的参加下,经人民法院审理和解决民事案件、经济纠纷案件和法律规定由人民法院审理的特殊案件的活动,以及这些诉讼活动中所产生的法律关系的总和。与社会生活中解决民事争议的其他方法相比,例如和解、调解、仲裁,民事诉讼具有如下特点:

　　一、民事诉讼是在国家审判机关的主持下进行的。民事诉讼是由法院代表国家行使审判权解决民事争议,只要原告起诉符合民事诉讼法规定的条件,无论被告是否愿意,都会发生诉讼。与调解和仲裁不同的是如果当事人不自动履行生效裁判所确定的义务,法院可以依法强制执行。

　　二、民事诉讼的进行应当依照严格的诉讼程序和诉讼制度。民事诉讼是依照法定程序进行的诉讼活动，无论是法院还是当事人和其他诉讼参与人，都需要按照民事诉讼法设定的程序实施诉讼行为，违反诉讼程序常常会引起一定的法律后果。

三、民事主体不论在实体上还是在程序上，都有依法处分其权利的自由。民事诉讼中的原告有权依法处分其诉讼权利和实体权利，被告也有权处分其诉讼权利和实体权利。例如民事诉讼中允许原被告和解和调解，而对法院发生法律效力的判决，胜诉的一方当事人可以申请执行，也可以不申请执行。

四、民事诉讼法以及与其相关的法律制度，如法院组织法和法官法等保障着民事诉讼的正义性，确保当事人的实体权利和程序利益不受侵犯。

民事诉讼的作用，是通过民事诉讼制度和程序的运用，解决当事人之间的权利义务之争，保障民事主体所应享有和承担的权利义务关系得以实现。民事审判活动相对于其他诉讼活动而言，与我们的生活更为密切，因此民事纠纷能否得到有效的解决，也往往关系到社会的安定团结，影响到社会和谐的实现。

本书希望通过引用一些民事诉讼的典型案例，向大家介绍民事诉讼制度和民事诉讼法规在民事官司中如何运用，让大家在了解和掌握民事诉讼制度和民事诉讼法规的基础上，能够将其熟练地运用到民事诉讼中，切实地解决读者在生活和实践中遇到的民事纠纷。

目录
CONTENTS

1.哪些民事纠纷可以通过民事诉讼的方式解决？

案例：

　　林某、吴某某在唐某经营的婚纱摄影店拍摄婚纱照。唐某未经林某、吴某某同意，使用其4张婚纱照，用于婚纱摄影店宣传广告，其中门头形象牌3张，宣传栏1张，后被林某、吴某某发现。林某、吴某某认为唐某在经营期间未经二人同意，擅自使用二人的婚纱照作为门面广告长达数月之久，严重侵犯了二人的肖像权，并在二人的亲戚朋友中引发了一些贬低性评价，给二人造成了严重精神损害。二人向唐某要求侵权损害赔偿，双方就侵权损害赔偿协商未果，遂向法院提起诉讼。问：哪些民事纠纷可以通过民事诉讼的方式解决？

专家解析：

　　《民事诉讼法》第3条规定："人民法院受理公民之间、法人之间、其他组织之间以及他们相互之间因财产关系和人身关系提起的民事诉讼，适用本法的规定。"民事纠纷的诉讼方式，即民事诉讼。通俗地说，民事诉讼就是打民事官司，即作为平等主体的公民之间、法人之间、其他组织之间或者他们相互之间因财产关系和人身关系发生纠纷，主要有以下几类：

　　（1）因财产关系和人身关系发生纠纷的案件，如财产所有权、债权、著作权、人格权、身份权等案件。（2）因婚姻家庭关系发生纠纷的案件。如离婚、赡养案件等。（3）因商事关系发生纠纷的案件，如票据、股东权益案件等。（4）因经济关系发生纠纷的案件，如各类合同案件等。（5）因劳动关系发生纠纷的劳动争议案件,如开除、辞退案件等。(6)法律规定的其他案件,如选民资格案件、宣告失踪案件等。

专家支招：

本案中唐某未经林某、吴某某同意,擅自使用其 4 张婚纱照,用于婚纱摄影店宣传广告的行为已经侵犯了林某和吴某某的肖像权,属于因财产关系和人身关系发生纠纷的案件,林某、吴某某可以向人民法院提起民事诉讼,维护自身的合法民事权益。

2.民事诉讼的当事人应该符合哪些条件?

案例：

张某的父亲有一套私有房产,常年租给王某。张某因为结婚,急需收回住房,便找到王某,要求王某腾房,王某拒绝张某的要求。王某认为该房归张某父亲所有,张某没有权利让自己腾房。双方多次交涉未果,张某以自己的名义向法院对王某提起诉讼。问:法院能否受理张某的起诉? 民事诉讼的当事人应该符合哪些条件?

专家解析：

《民事诉讼法》第 48 条规定:"公民、法人和其他组织可以作为民事诉讼的当事人。法人由其法定代表人进行诉讼。其他组织由其主要负责人进行诉讼。"

民事诉讼的当事人,是指因自己的或自己管理、支配的合法权益受到侵害或与他人发生争议,以自己的名义进行诉讼,并受人民法院裁判的拘束的直接利害关系人。成为诉讼当事人需要具备以下条件：(1)与案件有直接的利害关系。即是自己的或自己管理、支配的合法权益受到侵害或与他人发生争议。这也是判断是否能够成为正当当事人的重要标志。包括：一是指民事诉讼当事人与案件本身有直接的利害关系，是案件有争议的民事实体法律关系的双方；二是指当事人与案件本身无直接的利害关系，但是与民事案件有着法律上的利害关系，即是受到侵害的民事权益的管理人。如：遗嘱的执行人、财产的代管人、清算组织等。(2)以自己的名义进行诉讼。当事人进行诉讼的目的是依法维护自己的或受其管理、支配的民事权益。因此，是否参加诉讼，只能由当事人自己决定，他人是不能替代的。尽管在民事诉讼过程中，当事人可以亲自进行诉讼，也可以委托诉讼代理人代为诉讼，但民事诉讼要求当事人必须以自己的名义进行诉讼，不以自己的名义进行诉讼的人不能成为当事人。(3)当事人要受人民法院裁判的拘束。人民法院通过对案件的审理所作的裁判是为了解决当事人之间有争议的民事法律关系。一旦裁判发生法律效力即具有强制执行力，当事人就必须按照其规定的内容履行义务，否则，人民法院就可以采取强制措施。这是区分当事人与其他诉讼参与人的重要标志。

另外，民事诉讼当事人应当具有诉讼权利能力和行为能力。公民的民事诉讼权利能力始于出生终于死亡，法人和其他组织的民事权利能力始于成立终于消灭。年满18周岁的公民依法具有民事诉讼行为能力，可以亲自参加诉讼，通过自己的行为行使诉讼权利、履行诉讼义务。不满18周岁的公民不具有诉讼行为能力，只能由其法定代理人代为进行诉讼。法人和其他组织的诉讼行为能力和其权利能力则同时产生。

专家支招：

本案中张某并不是房屋的所有人，和本案没有直接的利害关系，虽然该房屋归张某的父亲所有，可是张某的父亲具有诉讼的权利能力和行为能力，并不需要张某来代为诉讼，如果真要王某腾房的话，张某的父亲才是本案的当事人，所以法院不能受理该案。

3.法人和其他组织能否成为民事诉讼的当事人？

案例：

中国建设银行北京城市建设开发专业支行与某公司签订了《借款合同》。合同约定，某公司向城建支行借款用于购买门市房，某公司应从贷款发放的次月开始按月偿还贷款本息。合同订立后，城建支行依合同约定履行了放贷义务，某公司未依约偿还借款本息，尚欠借款本金 357258.92 元，截至 2008 年 10 月 20 日，尚欠利息 16834.44 元。为此，建行城建支行诉至法院。问：法人和其他组织能否成为民事诉讼的当事人？

专家解析：

《民事诉讼法》第 48 条规定："公民、法人和其他组织可以作为民事诉讼的当事人。法人由其法定代表人进行诉讼。其他组织由其主要负责人进行诉讼。"法人可以成为民事诉讼中的原告，也可以成为被告。法人是具有民事权利能力和民事行为能力，依法独立享有民事权利，承担民事义务的组织。法人作为民事诉讼的当事人，由其法定代表人进行诉讼。法定代表人是指依照法律或者组织章程代表法人行使职权的正职负责人。

根据《最高人民法院关于适用〈中华人民共和国民事诉讼法〉若干问题的意见》第 38 条、第 39 条和第 51 条的规定,法人的正职负责人是法人的法定代表人。没有正职负责人的,由主持工作的副职负责人担任法定代表人。设有董事会的法人,以董事长为法定代表人;没有董事长的法人,经董事会授权的负责人可作为法人的法定代表人。在诉讼中,法人的法定代表人更换的,由新的法定代表人继续进行诉讼,并应向人民法院提交新的法定代表人身份证明书,原法定代表人进行的诉讼行为有效。因为法人的法定代表人的更换,不能理解为是当事人的更换。不论是原告一方更换法定代表人,还是被告一方更换法定代表人,该法人仍然是本案的原告或者被告。

根据《民事诉讼法》第 5 条的规定:"外国人、无国籍人、外国企业和组织在人民法院起诉、应诉,同中华人民共和国公民、法人和其他组织有同等的诉讼权利义务。"外国企业和组织在我国进行民事诉讼,同我国法人享有同等的诉讼权利义务,即外国法人同我国法人一样,可以作为民事诉讼的当事人起诉或者应诉。因此,应针对下列各种不同情形分别确定当事人:(1)法人非依法设立的分支机构,或者虽依法设立,但没有领取营业执照的分支机构,以设立该分支机构的法人为当事人。(2)法人的工作人员因职务行为或者授权行为发生的诉讼,该法人为当事人。(3)企业法人合并的,因合并前的民事活动发生的纠纷,以合并后的企业为当事人。(4)企业法人未经清算即被撤销,有清算组织的,以该清算组织为当事人,没有清算组织的,以作出撤销决定的机构为当事人。

不具备法人资格的其他组织,也可以作为民事诉讼的当事人,既可以成为民事诉讼中的原告,也可以成为民事诉讼中的被告。其他组织成为民事诉讼中的原告或被告,必须是具有独立的民事权利主体资格的组织。根据《最高人民法院关于适用〈中华人民共和国民事诉讼法〉若干问题的意见》第 40 条的规定,其他组织是指合法成立、有一定的组织机构和财产,但又不具备法人资格的组织。包括:(1)依法登记领取营业执照的私营独资企业、合伙组织;(2)依法登记领取营业执照的合伙型联营企业;(3)依法登记领取我国营业执照的中外合作经营企业、外商独资企业;(4)经民政部门核准登记领取社会团体登记证的社会团体;(5)法人依法设立并领取营业执照的分支机构;(6)中国人民银行、各专业银行设在各地的分支机构;(7) 中国人民保险公司设在各地的分支机构;(8)经核准登记领取营业执照的乡镇、街道、村办企业;(9)符合该条规定条件的其他组织。

对于企业下属的部门、单位内部的工会、团组织等,因不具有独立的民事主体资格,不能成为民事诉讼中的原告或被告。其他组织进行民事诉讼活动,以其主要负责人为代表人。例如,由其经理、主任等代表该组织进行诉讼。代表人的确定及参加诉讼活动的方式、代表人更换等,适用前述法人的法定代表人的有关规定。

专家支招:

本案的原告中国建设银行北京城市建设开发专业支行作为中国建设银行的分支机构属于其他组织,而被告某公司属于法人,都能够成为民事诉讼的当事人。法人和其他组织打官司与自然人打官司基本一样,如果提起诉讼, 也要递交起诉状。由于法人和其他组织有其自身的特点,所以要注意在起诉状上,应写明法定代表人或主要负责人(即单位、组织行政上的主要负责人,如行长、经理等)的姓名、性别、年龄、职务、电话、现住址及邮政编码等自然情况。同时要另外填写一份人民法院发给的《法定代表人身份证明书》。法定代表人在授权内进行的诉讼活动,对法人具有法律效力。

4.在什么情况下应推举代表人去打民事官司?

案例:

张某等 150 人,经李某联系将某百货商店新进的一批电饭锅以九折的优惠价全部买走。在使用过程中,用户陆续反映电饭锅有质量问题,纷纷到某百货商店要求退货并赔偿损失。经协商不成,后来张某等150 人诉诸法院。问:对于该案法院该如何受理?在什么情况下应推举代表人去打民事官司?

专家解析:

《民事诉讼法》第 53 条规定:"当事人一方人数众多的共同诉讼,可以由当事人推选代表人进行诉讼。代表人的诉讼行为对其所代表的当事人发生效力,但代表人变更、放弃诉讼请求或者承认对方当事人的诉讼请求,进行和解,必须经被代表的当事人同意。"第 54 条规定:"诉讼标的是同一种类、当事人一方人数众多,在起诉时人数尚未确定的,人民法院可以发出公告,说明案件情况和诉讼请求,通知权利人在一定期间向人民法院登记。向人民法院登记的权利人可以推选代表人进行诉讼;推选不出代表人的,人民法院可以与参加登记的权利人商定代表人。代表人的诉讼行为对其所代表的当事人发生效力,但代表人变更、放弃诉讼请求或者承认对方当事人的诉讼请求,进行和解,必须经被代表的当事人同意。人民法院作出的判决、裁定,对参加登记的全体权利人发生效力。未参加登记的权利人在诉讼时效期间提起诉讼的,适用该判决、裁定。"

代表人诉讼,又称集团诉讼,是指具有共同或同种类法律利益的一方当事人人数众多,且不能进行共同诉讼时,由其代表人进行的诉讼。其中代表人数众多的当事人进行诉讼的人,称为诉讼代表人。根据《民事诉讼法》第53条和第54条的规定,我国的诉讼代表人分为两类:

(1)人数确定的诉讼代表人。人数确定的诉讼代表人是指共同诉讼的一方当事人人数众多,由该群体的全体成员推选其中一人或数人,授权其代为起诉或应诉的人。其适用条件是:第一,当事人一方人数众多,不可能全部到法院参加诉讼。第二,众多当事人一方的人数在起诉时是确定的。第三,众多当事人一方的诉讼标的是共同的或是同一种类的。第四,不符合《民事诉讼法》第48条规定的其他组织的条件。

(2)人数不确定的诉讼代表人。人数不确定的诉讼代表人,是指诉讼标的是同一种类,当事人一方人数众多,在起诉时人数尚未确定,经推选或商定,代表该群体起诉或应诉的人。

《最高人民法院关于适用〈中华人民共和国民事诉讼法〉若干问题的意见》第59条规定:"民事诉讼法第54条和第55条规定的当事人一方人数众多,一般指10人以上。"

人民法院对于人数不确定的代表人诉讼,应进行审查。符合条件的予以受理,并发出公告,说明案件情况和诉讼请求,通知权利人在一定期间内向法院登记。公告期不得少于30日。向法院登记的当事人,应证明其与对方当事人的法律关系和所受到的损害。证明不了的,不予登记,当事人可以另行起诉。

人数确定的诉讼代表人可以由全体或部分当事人推选。推选不出代表人的,在必要共同诉讼中可由自己参加诉讼,普通共同诉讼中可另行起诉。人数不确定的诉讼代表人由向人民法院登记的权利人推选。推选不出的,由法院与参加登记的权利人协商;协商不成的,由法院在起诉的当事人中指定代表人。

专家支招：

本案中法院按照代表人诉讼受理此案。原告 150 人可以共同推选张某等几个人为其诉讼代表人。诉讼代表人代表当事人行使诉讼权利，履行诉讼义务，其诉讼行为对其所代表的全体当事人发生效力。但是，代表人变更、放弃诉讼请求或承认对方当事人的诉讼请求、进行和解，必须经被代表的当事人同意。

5.民事诉讼中的必要共同诉讼人包括哪些？

案例：

王某向陈某借款 30000 元，并出具了一份借据给陈某，肖某作为保证人在该借据上签名。借据中约定：若王某到期不能履行债务时，由保证人承担保证责任。借款到期后，王某一直未还。为此，陈某起诉要求王某与肖某偿还借款 30000 元。问：民事诉讼中的必要共同诉讼人包括哪些？

专家解析：

根据《民事诉讼法》第 132 条规定："必须共同进行诉讼的当事人没有参加诉讼的，人民法院应当通知其参加诉讼。"主要包括以下情形：

（1）个体工商户、个人合伙或私营企业挂靠集体企业并以集体企业的名义从事生产经营活动的，在诉讼中，该个体工商户、个人合伙或私营企业与挂靠的集体企业为共同诉讼人。

（2）营业执照上登记的业主与实际经营者不一致的，以业主和实际经营者为共同诉讼人。

（3）个人合伙的全体合伙人在诉讼中为共同诉讼人。

（4）企业法人分立的，因分立前的民事活动发生的纠纷，以分立后的企业为共同诉讼人。

（5）借用业务介绍信、合同专用章、盖章的空白合同书或者银行账户的，出借单位和借用人为共同诉讼人。

（6）保证合同关系。

（7）在继承遗产诉讼中，部分继承人起诉的，人民法院应通知其他继承人作为共同原告参加诉讼，被通知的继承人不愿意参加诉讼又未明确表示放弃实体权利的，人民法院仍应把其列为共同原告。

但是，在继承遗产诉讼中，如果被遗漏的部分继承人对遗产主张遗嘱继承权，则就该遗产的继承部分，该主张遗嘱继承权人为有独立请求权的第三人。

（8）被代理人和代理人承担连带责任的，为共同诉讼人。

（9）共有财产权受到他人侵害，部分共有权人起诉的，其他共有权人应当列为共同诉讼人。

专家支招：

本案中肖某作为王某的借款保证人，应该属于必要共同诉讼人。陈某应该以王某和肖某为共同被告人向人民法院提起诉讼。诉讼过程中，有一个问题要特别注意，即由于在必要共同诉讼中，当事人一方或双方为两人以上，因此必要共同诉讼除了原被告之间的外部关系以外，还涉及共同诉讼人之间的内部关系。由于在诉讼中，各个共同诉讼人之间是独立的诉讼主体，都可以实施一定的诉讼行为，而他们相互间的诉讼行为又可能会不完全一致，由此产生了如何处理必要共同诉讼人内部关系的问题。根据《民事诉讼法》第52条第2款：共同诉讼的一方当事人对诉讼标的有共同权利义务的，其中一人的诉讼行为经其他共同诉讼人承认，对其他共同诉讼人发生效力。

6.什么情况下由法定诉讼代理人代为参加民事诉讼？

案例：

吴女士是张某某的母亲，在张某某三岁的时候吴女士与张某某的父亲张某离婚，后张某组建新的家庭，张某某一直随吴女士一起生活。张某某八岁的时候，张某因为交通事故突然离世，在张某的遗产分配问题上，吴女士与张某的现任妻子何女士发生纠纷。吴女士认为张某某作为被继承人张某的唯一儿子享有继承权，何女士拒绝将遗产分配给张某某。吴女士遂以其子张某某的名义向法院提起诉讼，并出庭参与诉讼。问：什么情况下由法定诉讼代理人代为参加民事诉讼？

专家解析：

《民事诉讼法》第 57 条规定："无诉讼行为能力人由他的监护人作为法定代理人代为诉讼。法定代理人之间互相推诿代理责任的，由人民法院指定其中一人代为诉讼。"法定诉讼代理人，是指根据法律规定，代理无诉讼行为能力的当事人进行民事活动的人。法定代理人最基本的特征在于其代理权的取得不是基于当事人的委托，而是根据法律的直接规定。法定诉讼代理人的被代理人，只限于无民事行为能力的人或限制民事行为能力的人。因此法定诉讼代理人的范围，一般与无民事行为能力人或限制民事行为能力人的监护人一致。这一问题涉及当事人的诉讼行为能力。诉讼行为能力，又称诉讼能力，是指以自己的行为实现诉讼权利和履行诉讼义务的资格，也就是具有民事诉讼权利能力的人亲自进行诉讼活动的能力。

根据《中华人民共和国民法通则》关于公民民事行为能力的规定，公民的民事行为能力于其成年（18 周岁）时开始，于其死亡（含自然死亡和生理死亡）或者被宣告为无行为能力时消灭。完全民事行为能力人即具有诉讼行为能力。16 周岁以上不满 18 周岁的公民，以自己的劳动收入为主要生活来源的，参加诉讼时，应视为有诉讼行为能力。其他未成年人、精神病患者，由于无行为能力或其行为能力受到限制，而没有诉讼行为能力，他们的诉讼活动，应由其法定代理人代为进行。

专家支招：

根据《最高人民法院关于适用〈中华人民共和国民事诉讼法〉若干问题的意见》规定，无民事行为能力人、限制民事行为能力人的监护人是他的法定代理人。可见，法定代理人的范围，即监护人的范围。

根据《民法通则》第 16 条的规定："未成年人的父母是未成年人的监护人。"父母双亡或者父母没有监护能力的，由下列人员中有监护能力者担任监护人：（一）祖父母、外祖父母；（二）兄、姐；（三）关系密切的其他亲属、朋友愿意承担监护责任，经未成年人父母的所在单位或者未成年人住所地的居民委员会、村民委员会同意的。"没有上述监护人的，"由未成年人的父、母的所在单位或者未成年人所在地的居民委员会、村民委员会或者民政部门担任监护人。"

根据《民法通则》第 17 条的规定："无民事行为能力或者限制民事行为能力的精神病人，由下列人员担任监护人：（一）配偶；（二）父母；（三）成年子女；（四）其他近亲属；（五）关系密切的其他亲属、朋友愿意承担监护责任，经精神病人的所在单位或者住所地的居民委员会、村民委员会同意的。""没有第一款规定的监护人的，由精神病人的所在单位或者住所地的居民委员会、村民委员会或者民政部门担任监护人。"

本案中张某某八岁时父亲去世,张某某属于无民事行为能力人,应该由其母亲吴女士作为法定诉讼代理人代为参加民事诉讼,维护其合法的继承权益。

7.民事官司是否可以委托他人去打? 什么人可以被委托为诉讼代理人?

案例:

小张和单位签订了一份《劳动合同》,劳动合同的履行期限是三年。工作了一年多以后,小张找到了更好的工作单位,想要与原单位解除劳动合同,可是单位要求小张赔偿5万元的违约金,小张没有理会,断然辞职,到了新单位工作。原单位以小张违反劳动合同为由向当地法院提起了民事诉讼。小张认为原单位的赔偿要求过高,可是又不知道该怎么打官司,想委托他人帮自己打官司。问:民事官司是否可以委托他人去打? 什么人可以被委托为诉讼代理人?

专家解析:

诉讼代理人,是指以当事人一方的名义,在法律规定或者当事人委托的权限范围内进行诉讼活动的人。诉讼代理人具有以下特点:第一,诉讼代理人只能以被代理人的名义进行诉讼活动,而不能以自己的名义进行诉讼活动;第二,诉讼代理人参加诉讼的目的在于维护被代理人的权利和利益,而不是为了维护自己的权益;第三,诉讼代理人在代理权限范围内所实施的行为,其法律后果由被代理人承担;第四,诉讼代理人只能代理当事人一方,而不能在同一诉讼中代理当事人双方;第五,诉讼代理人必须是有诉讼行为能力的人。

《民事诉讼法》第58条规定:"当事人、法定代理人可以委托一至二人作为诉讼代理人。下列人员可以被委托为诉讼代理人:(一)律师、基层法律服务工作者;(二)当事人的近亲属或者工作人员;(三)当事人所在社区、单位以及有关社会团体推荐的公民。"

专家支招:

《民事诉讼法》第59条规定:"委托他人代为诉讼,必须向人民法院提交由委托人签名或者盖章的授权委托书。授权委托书必须记明委托事项和权限。诉讼代理人代为承认、放弃、变更诉讼请求,进行和解,提起反诉或者上诉,必须有委托人的特别授权。侨居在国外的中华人民共和国公民从国外寄交或者托交的授权委托书,必须经中华人民共和国驻该国的使领馆证明;没有使领馆的,由与中华人民共和国有外交关系的第三国驻该国的使领馆证明,再转由中华人民共和国驻该第三国使领馆证明,或者由当地的爱国华侨团体证明。"第60条规定:"诉讼代理人的权限如果变更或者解除,当事人应当书面告知人民法院,并由人民法院通知对方当事人。"本案中,小张可以根据以上法律规定,委托诉讼代理人在其授权委托的权限范围内进行诉讼活动,以便更好地维护自己的合法权益。

8.哪些人不能担任委托诉讼代理人?

案例:

付某因为一起经济纠纷想要聘请律师作为其诉讼代理人向某区人

民法院提起民事诉讼,经过多方打听,付某得知律师安某的妻子是某区人民法院的法官,于是来到安律师所在的律师事务所,想与安律师签订授权委托书。问:安律师能否接受付某的授权委托? 哪些人不能担任委托诉讼代理人?

专家解析:

根据《最高人民法院关于适用〈中华人民共和国民事诉讼法〉若干问题的意见》第68条规定:"无民事行为能力人、限制民事行为能力人或者可能损害被代理人利益的人以及人民法院认为不宜作诉讼代理人的人,不能作为诉讼代理人。"

根据《最高人民法院关于审判人员严格执行回避制度的若干规定》的相关规定,审判人员及法院其他工作人员离任二年内,担任诉讼代理人或者辩护人的,人民法院不予准许;审判人员及法院其他工作人员离任二年后,担任原任职法院审理案件的诉讼代理人或者辩护人,对方当事人认为可能影响公正审判而提出异议,人民法院应当支持,不予准许本院离任人员担任诉讼代理人或者辩护人。但是作为当事人的近亲属或者监护人代理诉讼或者进行辩护的除外。审判人员及法院其他工作人员的配偶、子女或者父母,担任其所在法院审理案件的诉讼代理人或者辩护人的,人民法院不予准许。

专家支招:

本案中安律师不能接受付某的授权委托成为其诉讼代理人。安律师的妻子是受诉法院的法官,属于该院审判人员的配偶,对此人民法院是不予准许的。付某可以根据《民事诉讼法》第58条的相关规定委托诉讼代理人来维护自己的权益。

9.打民事官司时,应如何确定第三人?

案例:

陈某与冯某签订了一份买卖音响设备的协议,陈某按照合同约定给付了冯某款项,可是冯某迟迟不交付音响设备,双方就此发生争议。陈某向冯某住所地法院提起诉讼,要求冯某按照合同约定交付音响设备。法院受理后,冯某的朋友李某认为自己对该音响设备具有所有权,要求参加诉讼。问:李某在诉讼中处于什么地位?打民事官司时,应如何确定第三人?

专家解析:

《民事诉讼法》第 56 条规定:"对当事人双方的诉讼标的,第三人认为有独立请求权的,有权提起诉讼。对当事人双方的诉讼标的,第三人虽然没有独立请求权,但案件处理结果同他有法律上的利害关系的,可以申请参加诉讼,或者由人民法院通知他参加诉讼。人民法院判决承担民事责任的第三人,有当事人的诉讼权利义务。前两款规定的第三人,因不能归责于本人的事由未参加诉讼,但有证据证明发生法律效力的判决、裁定、调解书的部分或者全部内容错误,损害其民事权益的,可以自知道或者应当知道其民事权益受到损害之日起六个月内,向作出该判决、裁定、调解书的人民法院提起诉讼。人民法院经审理,诉讼请求成立的,应当改变或者撤销原判决、裁定、调解书;诉讼请求不成立的,驳回诉讼请求。"

民事诉讼中的第三人,是指对他人之间的诉讼标的有独立的请求权,或者虽无独立的请求权,但案件的处理结果与其有法律上的利害关系,因而参加到他人之间已经开始的民事诉讼中去,以维护自己的合法权益的人。第三人分为有独立请求权的第三人和无独立请求权的第三人。

有独立请求权的第三人,是对当事人争议的诉讼标的主张全部或部分权利而参加到已经开始的诉讼中来的人。有独立请求权的第三人以起诉的方式参加诉讼,他有权向人民法院提出诉讼请求或事实、理由,成为当事人。

无独立请求权的第三人是指对原被告双方争议的诉讼标的虽然没有独立的请求权,但案件的处理结果同他有法律上的利害关系,因而参加到已经开始的诉讼中来,以维护自己的利益的人。法律上的利害关系,是指作为当事人之间争议的法律关系,与第三人参加的另一法律关系有牵连。无独立请求权的第三人可以申请参加诉讼,或者由法院通知他参加诉讼。在诉讼中,他既不是原告,也不是被告,只是参加到当事人一方进行诉讼,具有当事人的诉讼权利义务。判决承担民事责任的无独立请求权的第三人有权提出上诉。但该第三人在一审中无权对案件的管辖权提出异议,无权放弃、变更诉讼请求或者申请撤诉。

专家支招:

本案中李某认为自己对该音响设备具有所有权,要求参加诉讼,是有独立请求权的第三人。在诉讼中,有独立请求权的第三人相当于原告,以本诉中的原告和被告作为共同被告。他享有原告的诉讼权利,承担原告的诉讼义务。

10.哪些民事纠纷不能到人民法院去打官司?

案例:

于某和于某某是兄妹,在其父(母早亡)去世时,于某就二人继承财产的分割争议向某区人民法院提起诉讼,该区法院依法判决后,二人在判决生效期内均未提起上诉。事隔半年后,于某认为自己在财产分割上吃了大亏,又向某区人民法院提起诉讼。问:该区法院能否受理此案?哪些民事纠纷不能到人民法院打民事官司?

专家解析:

根据《民事诉讼法》第124条的规定,当事人的起诉如有下列情形之一的,人民法院应不予受理,并分别按不同情况,予以处理:

(1)依照行政诉讼法的规定,属于行政诉讼受案范围的,告知原告提起行政诉讼。如果行政纠纷当事人按照民事诉讼程序起诉的,不予受理。但应当告知原告向人民法院的行政庭提起行政诉讼。

(2)依照法律规定,双方当事人达成书面仲裁协议申请仲裁、不得向人民法院起诉的,告知原告向仲裁机构申请仲裁。

(3)依照法律规定,应当由其他机关处理的争议,告知原告向有关机关申请解决。

(4)对不属本院管辖的案件,告知原告向有管辖权的人民法院起诉。在人民法院系统内部,依据一定的原则,划分了上下级法院之间以及同级人民法院之间受理第一审民事纠纷案件的分工和权限,人民法院只能按照各自的分工,在自己的管辖范围内受理案件,如果原告提起的诉讼,本院没有管辖权,就不应受理,但应当告知原告向有管辖权的人民法院起诉。法院对某一具体案件是否有管辖权,并不以法院审判人员的意志来决定,它的客观标准是民事诉讼法关于管辖的规定,以防止人民法院之间相互推诿,使当事人投诉无门。

(5)对判决、裁定已经发生法律效力的案件,当事人又起诉的,告知原告按照申诉处理,但人民法院准许撤诉的裁定除外。

(6)依照法律规定,在一定期限内不得起诉的案件,在不得起诉的期限内起诉的,不予受理。

(7)判决不准离婚和调解和好的离婚案件,判决、调解维持收养关系的案件,没有新情况、新理由,原告在6个月内又起诉的,不予受理。

所谓新情况、新理由,一般指不是原来诉讼中提出的事实或理由,如不及时立案审理,就会造成不可挽回的重大后果。如夫妻关系、收养关系恶化,有可能进一步演变为凶杀、自杀等严重后果。如果有这样一些新情况、新理由,就应当受理。6个月是一个法定期间,在6个月内原告又起诉的,人民法院不予受理。但如果是被告在6个月内就上述两种案件起诉的,则不在此限。

人民法院经审查起诉,认为不符合起诉条件的,裁定不予受理。原告对该裁定不服的,可以在法定期间内提起上诉。

专家支招:

本案根据"一事不再理"的审判原则,人民法院的判决、裁定一经作出并发生法律效力即具有既判力,当事人之间不得再次起诉,法院不得随意改变判决。如果判决或裁定已经发生法律效力的案件确有错误,也只能依法按审判监督程序予以纠正。当事人对判决、裁定已经发生法律效力的案件以同一诉讼标的、同一事实和理由又起诉的,人民法院不予受理,但应告知原告按照申诉处理。这一原则也适用人民法院作出的已经发生法律效力的调解协议。如果是人民法院正在审理的案件,一方当事人对另一方当事人以同一诉讼标的、同一事实和理由另行起诉的,也不予受理。但是,人民法院准许撤诉的裁定除外。撤诉,是当事人的一项诉讼权利,当事人撤回自己的诉讼请求视为未起诉,只要在诉讼时效期限内,当事人有权再行起诉。所以,如果原告提起诉讼后申请撤回,法院作出裁定准许原告撤诉以后原告又起诉的,只要符合起诉条件,人民法院应予以受理。因此法院不会受理于某的起诉,如果于某认为该区法院的判决确有错误,可以依法按审判监督程序维护自己的权益。

11.当事人应到哪一级人民法院去打民事官司?

案例:

北京某特种变压器有限公司认为某电器股份有限公司侵犯自己的商标专用权和专利权,向该电器股份有限公司索赔1亿元,电器股份有限公司拒绝,双方发生争议,某特种变压器有限公司遂向法院提起诉讼。问:该特种变压器有限公司应该向哪一级人民法院提起诉讼?当事人应到哪一级人民法院去打民事官司?

专家解析:

纠纷发生,当事人一旦决定到人民法院去打官司,就要选择有管辖权的法院以便受理。此时,应把握级别管辖和地域管辖的概念。根据案件的性质、影响的范围、简单或复杂的程度,在上下级人民法院之间进行分工、划分权限,确定由哪一级人民法院审理民事案件,叫级别管辖。我国设有四级人民法院:(1)最高人民法院;(2)高级人民法院,包括省、自治区、直辖市人民法院;(3)中级人民法院,包括在省、自治区内按地区设立的中级人民法院,在直辖市内设立的中级人民法院,省、自治区辖市设立的中级人民法院,自治州人民法院;(4)基层人民法院,包括县人民法院、市人民法院、自治县人民法院、市辖区人民法院。各级人民法院都是国家的审判机关,代表国家对各类案件进行审判。

根据《民事诉讼法》第 17 条、18 条、19 条以及 20 条的规定,各级人民法院管辖第一审民事案件,具体分工如下:

(1)基层人民法院管辖的第一审民事案件。除法律规定由中级人民法院、高级人民法院和最高人民法院管辖的第一审民事案件外,其余民事案件均由基层人民法院管辖。

(2)中级人民法院管辖下列第一审民事案件。第一,重大的涉外案件。重大的涉外案件是指争议标的额大,或者案情复杂,或者居住在国外的当事人人数众多的涉外案件。第二,在本辖区内有重大影响的案件。各省、自治区、直辖市高级人民法院可以从本地实际情况出发,根据案情繁简程度、诉讼标的金额大小,在当地的影响等情况,对本辖区内一审案件的级别管辖提出意见,报最高人民法院批准。第三,最高人民法院确定由中级人民法院管辖的案件。如海事、海商案件由相当于中级人民法院的海事法院管辖,专利纠纷案件由中级人民法院管辖。

(3)高级人民法院管辖在本辖区内有重大影响的第一审民事案件。

(4)最高人民法院管辖的第一审民事案件。第一,在全国有重大影响的案件;第二,认为应当由本院审理的案件。

各省、直辖市、自治区对本行政区域内的民事案件的级别管辖均作了较为详细的规定,当事人起诉时应依据相关的规定向相应级别的人民法院起诉。

专家支招:

北京某特种变压器有限公司认为某电器股份有限公司侵犯自己的

商标专用权和专利权,向该电器股份有限公司索赔1亿元,既属于诉讼标的金额特别大的案件,也属于最高人民法院确定的专利纠纷案件,根据《民事诉讼法》的相关规定,应该向中级人民法院提起诉讼。

12.一般情况下,当事人应该向哪个法院提起民事诉讼?

案例:

吴某某向袁某借款100万元,并出具了借条。借条写明:"今借到袁某人民币100万元。"后袁某多次要求还款未果,袁某决定向人民法院提起诉讼。问:一般情况下,当事人应该向哪个法院提起民事诉讼?

专家解析:

《民事诉讼法》第21条规定:"对公民提起的民事诉讼,由被告住所地人民法院管辖;被告住所地与经常居住地不一致的,由经常居住地人民法院管辖。对法人或者其他组织提起的民事诉讼,由被告住所地人民法院管辖。同一诉讼的几个被告住所地、经常居住地在两个以上人民法院辖区的,各人民法院都有管辖权。"

我国对一般在域管辖实行"原告就被告"的原则。即被告的住所地在哪个法院管辖,就由哪个法院受理。当事人有原告和被告之分,一般地域管辖的通行做法是实行原告就被告原则,即以被告所在地作为确定管辖的标准。我国民事诉讼法是以被告所在地管辖为原则,原告所在地管辖为例外来确定一般地域管辖的。

(1)被告为公民。由被告住所地人民法院管辖,被告住所地与经常居住地不一致的,由经常居住地人民法院管辖。公民的住所地是指该公民的户籍所在地。经常居住地是指公民离开住所至起诉时已连续居住

满1年的地方,但公民住院就医的地方除外。最高人民法院在民事诉讼法意见中对下列情况作了补充规定:

①双方当事人都是被监禁或被劳动教养的,由被告原住所地人民法院管辖;被告被监禁或被劳动教养一年以下的,由被告被监禁或被劳动教养地人民法院管辖;②双方当事人均被注销城市户口的,由被告居住地人民法院管辖;③离婚诉讼双方当事人都是军人的,由被告住所地或者被告所在团级以上单位驻地的人民法院管辖;④夫妻双方离开住所超过一年,一方起诉离婚的案件,由被告经常居住地人民法院管辖。

(2)被告为法人或其他组织。由被告住所地人民法院管辖。这里的住所地是指法人或其他组织的主要办事机构所在地或主要营业地。被告如为没有办事机构的公民合伙、合伙型联营体,则由注册地人民法院管辖。没有注册地,几个被告又不在同一辖区的,被告住所地的人民法院都有管辖权。

专家支招:

根据《民事诉讼法》关于地域管辖的相关规定,本案中的原告袁某应该向被告吴某某住所地的人民法院提起诉讼,即向吴某某的户籍所在地或者吴某某离开住所至起诉时已连续居住满一年的地方法院提起民事诉讼。

13.当事人什么情况下到原告住所地的人民法院去打官司?

案例:

王某(男)从2009年开始在北京打工,只有在春节期间回家过年,在北京打工没有连续满一年的住所。2010 年王某在北京认识了何某（女），两人便住在了一起。王某的妻子发现此种情况后，劝说王某回心转意，但王某不听劝解。王某的妻子心灰意冷，遂决定向法院提起诉讼。问：王某的妻子应该向哪个法院提起离婚诉讼？当事人什么情况下到原告住所地的人民法院去打官司？

专家解析：

《民事诉讼法》第 22 条规定："下列民事诉讼，由原告住所地人民法院管辖；原告住所地与经常居住地不一致的，由原告经常居住地人民法院管辖：（一）对不在中华人民共和国领域内居住的人提起的有关身份关系的诉讼；（二）对下落不明或者宣告失踪的人提起的有关身份关系的诉讼；（三）对被采取强制性教育措施的人提起的诉讼；（四）对被监禁的人提起的诉讼。"

上述规定中的身份关系，是指与人的身份相关的各种关系，如婚姻关系、亲子关系、收养关系等。民事诉讼法意见规定的例外情形是：（1）被告一方被注销城镇户口，由原告所在地人民法院管辖；（2）追索赡养费案件的几个被告住所地不在同一辖区的，可以由原告住所地人民法院管辖；（3）非军人对军人提出的离婚诉讼，如果军人一方为非文职军人，由原告住所地人民法院管辖；（4）夫妻一方离开住所地超过一年，另一方起诉离婚的案件，由原告住所地人民法院管辖。夫妻双方离开住所地超过一年，被告无经常居住地的，由原告起诉时居住地的人民法院管辖。

专家支招：

根据《最高人民法院关于适用〈中华人民共和国民事诉讼法〉若干问题的意见》第 12 条规定："夫妻一方离开住所地超过一年，一方起诉离婚的案件，由原告住所地人民法院管辖。夫妻双方离开住所地超过一年,一方起诉离婚的案件,由被告经常居住地人民法院管辖;没有经常居住地的,由原告起诉时居住地人民法院管辖。"本案中,王某离开住所地超过一年,并且没有经常居住地,王某的妻子起诉离婚应该向原告住所地的人民法院提起诉讼。

14.两个法院都有权管辖的,当事人应到哪个法院提起民事诉讼?

案例:

张某住 A 区,王某住 B 区,李某住 C 区,王某向张某借款 3 万元,由李某为连带保证人。后王某未能如期清偿,张某决定向法院起诉王某和李某连带清偿。于是张某向王某住所地 B 区人民法院和李某住所地 C 区人民法院都提起了民事诉讼。问:张某可以向哪个法院提起民事诉讼? 如果两个法院都有权管辖,当事人应到哪个法院提起民事诉讼?

专家解析:

依据《民事诉讼法》第 35 条的规定,"两个以上人民法院都有管辖权的诉讼,原告可以向其中一个人民法院起诉;原告向两个以上有管辖权的人民法院起诉的,由最先立案的人民法院管辖。"最高人民法院对此又进一步规定:"两个以上人民法院都有管辖权的诉讼,先立案的人民法院不得将案件移送给另一个有管辖权的人民法院,人民法院在立案前发现其他有管辖权的人民法院已先立案的,不得重复立案,立案后发现其他有管辖权的人民法院已先立案的,裁定将案件移送给先立案的人民法院。"

共同管辖,是指根据法律规定,两个以上的人民法院对同一案件都有管辖权。产生共同管辖的原因有两种：一是因诉讼主体之间有牵连关系。如某一诉讼的几个被告住所地或经常居住地在两个或两个以上人民法院辖区内,使得该各个人民法院都有管辖权;二是因诉讼客体之间有牵连关系。如同一案件的标的物分散在两个或两个以上法院辖区或侵权行为地跨越两个或两个以上法院辖区,使得该各个人民法院都有管辖权。

选择管辖,是指根据法律规定,对同一案件两个或两个以上人民法院都有管辖权时,当事人可以选择其中一个人民法院起诉。由此概念可知:选择管辖权的享有者是原告,原告有权从有利于自己的角度出发,在依法同时享有管辖权的几个法院中作任意选择;原告只能选择其中一个法院行使管辖权,原告一旦选择了其中的某一个法院行使管辖权,其他法院将因此而丧失对该案件的管辖权。

这些规定既方便了原告行使诉讼权利,也有效地避免了人民法院之间争管辖权或互相推诿,对及时解决纠纷非常有利。但应该注意的是,如果原告向其中一个有管辖权的人民法院起诉后又撤诉,又向另一个有管辖权的人民法院起诉的,只要符合起诉条件,另一个人民法院应当受理。因为撤诉是原告对其起诉权的处分行为,原告撤诉或由人民法院按撤诉处理并不影响原告实体权利的存在。撤回起诉后,视同未起诉。

专家支招：

根据《民事诉讼法》的相关规定,本案属于共同管辖,王某住所地 B 区人民法院和李某住所地 C 区人民法院都有管辖权。原告张某可以选择其中一个人民法院起诉。张某向王某住所地 B 区人民法院和李某住所地 C 区人民法院都提起民事诉讼的情况下, 由最先立案的人民法院管辖。

15.什么情况下由上级法院指定管辖?

案例:

某市 A 区法院副院长赵某在 A 区有一套住房,因为管道漏水将楼下的邻居李某橱柜冲泡,造成橱柜严重变形和掉色。李某多次找赵某交涉,要求赵某赔偿,赵某都置之不理,双方因此发生纠纷。李某决定起诉,由于李某认为赵某为 A 区法院的副院长,担心 A 区人民法院判决对其不利,就向该市 B 区人民法院起诉,要求排除妨害。B 区人民法院收到李某的民事诉讼后,经审查认为该案因侵权行为引起的纠纷,应由侵权行为地或者被告住所地人民法院管辖,裁定不予受理,并告知李某应向 A 区人民法院起诉。李某无奈,只好将民事诉状交到 A 区人民法院。问:什么情况下由上级法院指定管辖?

专家解析:

指定管辖,是指上级人民法院依照法律规定指定其辖区内的下级法院对某一具体案件行使管辖权。根据《民事诉讼法》第 36 条和第 37 条的规定,指定管辖有以下几种情况:

(1)接受移送案件的人民法院认为移送的案件按法律规定不属于本院管辖的,依法报请上级法院指定管辖。(2)有管辖权的人民法院因特殊原因不能行使管辖权的,由上级法院指定管辖。特殊原因包括法律上的原因(如审判人员全部被申请回避)和事实上的原因(如自然灾害等)。(3)人民法院之间因管辖权发生争议,协商不成,报请他们的共同上级法院指定管辖。如双方为同属一个地、市辖区的基层人民法院,由该地、市的中级法院及时指定管辖;同属一个省、自治区、直辖市的两个人民法院,由该省、自治区、直辖市的高级法院及时指定管辖;如双方为跨省、自治区、直辖市的人民法院,高级人民法院协商不成的,由最高人民法院及时指定管辖。报请上级人民法院指定管辖应逐级进行。

上级人民法院指定管辖时,应书面通知报送的人民法院和被指定行使管辖权的人民法院,报送的人民法院接到通知后,应及时告知当事人。

专家支招:

本案中根据《民事诉讼法》关于管辖的规定,原告李某应该向 A 区的人民法院提起民事诉讼,但是由于特殊原因,即该案的被告是 A 区人民法院的副院长,可能影响案件的公正审理,因此不能由 A 区人民法院管辖,而应该由 A 区人民法院的上级法院市中级人民法院指定管辖。

16.什么情况下移送管辖?

案例:

方某是甲市南区某小学老师,多年前与北区教育局公务员林某结婚,当时双方户口仍在各自工作所在地没有变动。婚后双方有时住南区,多数时间住北区。婚后多年因双方性格不合,感情不好,经常吵闹。林某向北区人民法院起诉,要求与方某离婚。北区人民法院受理该案后,发现被告方某户籍所在地为南区,便将案件移送给甲市南区人民法院。两个月后,南区人民法院以"双方结婚地和经常居住地在北区"为由,又将案件退回北区人民法院。问:什么情况下移送管辖?该案应该如何管辖？

专家解析：

根据《民事诉讼法》第 36 条规定："人民法院发现受理的案件不属于本院管辖的,应当移送有管辖权的人民法院,受移送的人民法院应当受理。受移送的人民法院认为受移送的案件依照规定不属于本院管辖的,应当报请上级人民法院指定管辖,不得再自行移送。"移送管辖,是指法院在受理民事案件后,发现自己对案件并无管辖权,依法将案件移送到有管辖权的法院审理。移送管辖是为法院受理案件发现错误时提供的一种纠错办法,它只是案件的移送,而不涉及管辖权的转移。

在诉讼实务中,移送管辖通常发生在同级法院之间,用来纠正地域管辖的错误,但有时也发生在上下级法院之间。根据《民事诉讼法》第 36 条的规定,移送管辖必须同时具备以下三个条件:(1)法院已受理了案件;(2)移送的法院对案件没有管辖权;(3)受移送的法院对案件有管辖权。

法院对符合上述三个条件的案件应当移送, 但在下列三种情况下不得移送:

(1)受移送的法院即使认为本院对移送来的案件并无管辖权,也不得自行将案件移送到其他法院,而只能报请上级法院指定管辖。(2)有管辖权的法院受理案件后,根据管辖恒定的原则,其管辖权不受行政区域变更、当事人住所地或居所地变更的影响,因此不得以上述理由移送案件。这表明确定管辖的时间标准为原告向法院提起诉讼之时。(3)两个以上法院对案件都有管辖权时, 应当由先立案的法院具体行使管辖权,先立案的法院不得将案件移送至另一有管辖权的法院。

此外,在两个以上法院对案件都有管辖权时,法院如在立案前发现其他有管辖权的法院已先立案的,不得重复立案,如在立案后发现其他有管辖权的法院已先立案的,应将案件移送到先立案的法院。当事人基于同一法律关系或同一法律事实而发生纠纷, 以不同诉讼请求分别向有管辖权的不同法院起诉的，后立案的法院在得知有关法院先立案的情况后，应当将案件移送先立案的法院合并审理。

专家支招：

根据《民事诉讼法》规定，受移送的法院即使认为本院对移送来的案件并无管辖权，也不得自行将案件移送到其他法院，而只能报请上级法院指定管辖。本案中南区人民法院认为自己对该案件没有管辖权，不应该再自行移送，而是要报请上级法院，即甲市中级人民法院指定管辖。

17.侵权损害赔偿官司应到哪个地方的人民法院去打？

案例：

某年的大年初一，居住在 A 市东区的唐某从西区的某烟花爆竹有限公司购买了礼花，回到居住地点燃礼花后发生横向爆炸，双手被炸伤。唐某以侵害健康权和身体权为由，想将销售礼花的西区某烟花爆竹有限公司以及生产礼花的 B 市北区的某花炮厂告上法庭。问：侵权损害赔偿官司应到哪个地方的人民法院去打？

专家解析：

《民事诉讼法》第 28 条规定："因侵权行为提起的诉讼，由侵权行为地或者被告住所地人民法院管辖。"侵权行为地，包括侵权行为实施地和侵权结果发生地。在一般情况下，侵权行为是一次完成的，侵权行为实施地和损害结果发生地是一致的。但是在有些情况下，侵权行为与损害结果发生地不一致。有时一个行为不是一次完成的，而是连续实施的,损害后果非常广泛。

侵权行为指不法侵害他人人身权、财产权(含知识产权)的行为。包括:侵害公民人身造成伤害或者死亡;侵害公民的姓名权、肖像权、名誉权、荣誉权;因产品质量不合格造成他人财产、人身损害;从事高空、高压、易燃、易爆、剧毒、放射性、高速运输工具等对周围环境有高度危险的作业造成他人损害;违反国家保护环境防止污染的规定,污染环境造成他人损害;在公共场所、道旁或者通道上挖坑、修缮安装地下设施等,没有设置明显标志和采取安全措施造成他人损害;建筑物或者其他设施以及建筑物上的搁置物、悬挂物发生倒塌、脱落、坠落造成他人损害;饲养动物造成他人损害;因正当防卫、紧急避险造成损害;侵害公民、法人的著作权、专利权、商标专用权、发现权、发明权和其他科技成果权。侵权行为地包括侵权行为的实施地和结果地。

侵权行为实施地,是指侵权行为从开始实施直至实施终了的地区。在侵权行为中,行为的实施,有的是一次性完成的;有的是连续或继续完成的。从时间上看,侵权行为可以持续一定的期间;从空间上看,侵权行为也会扩展到较大的地区。如果侵权行为扩展的地区涉及几个行政辖区的,其侵权行为实施地就不止一个地区,从侵权行为开始实施到实施终了的地区,都是侵权行为实施地。

侵权结果发生地,是侵权行为致使受害人权利受到侵害的损害事实发生地。侵权行为造成损害结果,可能是一个结果,也可能有几个结果。不论几个结果,如果发生在数个行政辖区中,这些地区就都是侵权结果发生地。

专家支招:

根据《民事诉讼法》的相关规定,本案中的原告唐某可以到侵权行为地,即唐某的住所地 A 市东区的人民法院提起诉讼,也可以向被告的住所地,即 A 市西区人民法院和 B 市北区人民法院提起诉讼。

18.哪些纠纷由人民法院专属管辖?

案例:

王某、王某某二人系兄弟,早先兄弟俩曾共同出资在原籍甲市修建住宅一幢,共同居住。此后,兄弟二人先后来到乙市工作。王某的家属亦调到乙市工作。王某某的家属仍在甲市工作,并住在原房中。后来王某想回甲市养老,要其弟王某某腾出一部分房屋,王某某不同意腾房,只愿补偿房屋价款。兄弟二人遂发生争执,王某准备诉请法院解决。问:哪些纠纷由人民法院专属管辖?

专家解析:

专属管辖,是指法律规定的某些特殊类型的案件专门由特定的人民法院管,其他人民法院无权管辖,当事人也不得以协议的形式改变这种管辖。专属管辖具有两大特征:一是强制性,二是排他性。专属管辖排斥特定法院之外的其他法院对专属管辖案件的管辖权,但是不得排除当事人签订仲裁协议选择仲裁机构仲裁解决纠纷。

根据《民事诉讼法》第 33 条规定,我国属于专属管辖的诉讼有以下三类:

(1)因不动产纠纷提起的诉讼。不动产诉讼专属不动产所在地法院管辖。不动产一般是指不能移动或移动后会降低乃至丧失其价值的财产,如土地及土地上的建筑物、河流、滩涂等。不动产诉讼常常需要进行勘验,由不动产所在地法院管辖便于对案件审理。另一方面,由不动产所在地法院管辖也便于对不动产进行保全和执行。不动产中的土地又是国家领土的组成部分,关系到国家的主权。因此,将因不动产提起的诉讼规定为专属管辖,是各国民事诉讼法通行的做法。

(2)因港口作业发生纠纷提起的诉讼。港口作业引起的诉讼专属港口所在地法院管辖。在港口作业中,一方面会因为装卸、驳运等发生纠纷,另一方面会因违章作业等行为损坏港口设施或造成其他人身或财产的损害引起侵权纠纷。这两类纠纷都由港口所在地法院管辖。

(3)因继承遗产纠纷提起的诉讼。继承遗产的诉讼专属于被继承人死亡时住所地或主要遗产所在地法院管辖。当遗产有多处且分布在不同法院辖区时,还需要区分主要遗产和非主要遗产,遗产既有动产又有不动产的,一般以不动产所在地作为主要遗产地,动产有多项的,则以价值高的动产所在地作为主要遗产地。

此外,根据我国海事诉讼特别程序法的规定,属于海事法院专属管辖的案件有:(1)因沿海港口作业纠纷提起的诉讼,由港口所在地海事法院管辖;(2)因船舶排放、泄漏、倾倒油类或者其他有害物质,海上生产、作业或者拆船、修船作业造成海域污染损害提起的诉讼,由污染发生地、损害结果地或者采取预防污染措施地海事法院管辖;(3)因在我国领域和有管辖权的海域内履行的海洋勘探井发合同纠纷提起的诉讼,由合同履行地海事法院管辖。

专家支招:

本案中原、被告争议的房屋系不动产。根据民事诉讼法的规定,因不动产提起的诉讼,由不动产所在地法院管辖。本案争议的房屋属不动产在甲市,故应由甲市法院管辖。争议不动产的诉讼,属于专属管辖的案件。专属管辖具有排他性和不可改变性。因此,尽管原、被告双方均在乙市,乙市法院对本案也无管辖权。

19.合同纠纷的管辖法院如何确定？

案例：

北京市 A 贸易公司向沈阳市 B 钢材公司购买钢材 2 吨,合同签订地为沈阳市,合同约定履行地为长春市。之后,B 公司将钢材运至长春市,但是 A 贸易公司违约只支付了部分钢材价款,B 钢材公司欲提起诉讼。问：合同纠纷的管辖法院如何确定？

专家解析：

根据《民事诉讼法》第 23 条规定："因合同纠纷提起的诉讼,由被告住所地或者合同履行地人民法院管辖。"关于合同纠纷的管辖法院主要从以下几个方面来确定：

(1)当事人想约定管辖时,在不违反法院级别管辖和专属管辖的情况下可以在书面合同中协议选择被告住所地、合同履行地、合同签订地、原告住所地、标的物所在地人民法院管辖。因合同纠纷提起的诉讼,当事人已经约定管辖的,以约定的为准。

(2)当事人没有约定管辖的,通常由被告住所地或者合同履行地人民法院管辖。以下合同的具体履行地是：

①买卖合同履行地问题。买卖合同是司法实践中经常遇到的一种合同。关于买卖合同纠纷的合同履行地的确定,有如下规定：第一,当事人在合同中明确约定履行地点的,以约定的履行地点为合同履行地。当事人在合同中未明确约定履行地点的,以约定的交货地为合同履行地。合同中约定的货物到达地、到站地、验收地、安装调试地等,均不应视为合同履行地。第二,当事人在合同中明确约定了履行地点或交货地点,

但实际履行中以书面方式或双方一致认可的其他方式变更约定的,以变更后的约定确定合同履行地。第三,当事人在合同中对履行地点、交货地点未作约定或约定不明确的, 或者虽有口头购销合同但未实际交付货物,且双方当事人住所地均不在合同约定的履行地,以及口头购销合同纠纷案件,均不依履行地确定管辖。

(3)关于合同履行地的司法解释:

①加工承揽合同,以加工行为地为合同履行地,但合同中对履行地有约定的除外。②财产租赁合同、融资租赁合同以租赁物使用地为合同履行地,但合同中对履行地有约定的除外。③补偿贸易合同,以接受投资一方主要义务履行地为合同履行地。④借款合同,贷款方所在地为合同履行地,但当事人另有约定的除外。⑤联营合同的地域管辖依照如下规定确定:法人型联营合同,由其主要办事机构所在地人民法院管辖;合伙型联营合同,由其注册地人民法院管辖;协作型联营合同,由被告住所地人民法院管辖。⑥《中华人民共和国合同法》还专门对供电、水、气、热力合同的履行地点作了规定;这类合同的履行地点,按当事人的约定确定,当事人没有约定或约定不明确的,供电、供水、供气、供热设施的产权分界处为履行地点。⑦代位权诉讼、撤销权诉讼的,由被告住所地人民法院管辖。

(4)因保险合同纠纷提起的诉讼,由被告住所地或者保险标的物所在地人民法院管辖。如果保险标的物是运输工具或者运输中的货物,由被告住所地或者运输工具登记注册地、运输目的地、保险事故发生地的人民法院管辖。

因合同纠纷提起的诉讼,如果合同没有实际履行,当事人双方住所地又都不在合同约定的履行地的,应由被告住所地人民法院管辖。

专家支招:

根据《民事诉讼法》相关规定和司法解释,本案的当事人没有约定管辖的,应该由被告住所地或者合同履行地人民法院管辖。因此原告 B

钢材公司可以向被告所在地北京市人民法院或者合同履行地长春市人民法院提起民事诉讼。

20.债权债务民事纠纷的诉讼时效如何计算？

案例：

蒋某 2008 年 10 月 1 日从杨某处借款三万元,并给杨某出具借条,借条上写明还款日期为 2009 年 10 月 1 日。到了还款日期,蒋某仍没有偿还,杨某碍于情面也一直没有索要。直到 2013 年 12 月双方就一些事情发生纠纷,杨某愤怒之余,才向蒋某索要欠款。蒋某拒不还款,杨某遂向人民法院提起诉讼。问:民事诉讼时效是怎么规定的? 债权债务民事纠纷的诉讼时效如何计算?

专家解析：

《民法通则》第 135 条到 140 条的相关规定,诉讼时效指权利人在法定期间内不行使权利即丧失请求人民法院依诉讼程序强制义务人履行义务的权利。我国民法规定了三种诉讼时效:(1)普通诉讼时效。即向人民法院请求保护民事权利的诉讼时效期间一般为 2 年。(2)特别诉讼时效。即部分诉讼时效期间为 1 年。它们包括:身体受到伤害要求赔偿的;出售质量不合格的商品未声明的;延付或者拒付租金的;寄存财物被丢失或者损毁的。(3)最长诉讼时效。即从权利被侵害之日起超过 20 年的,人民法院不予保护。上述三种诉讼时效期间,前两种从知道或者应当知道权利被侵害时计算,最长诉讼时效期间从权利被侵害之日起计算。

诉讼时效中止是指在诉讼时效期间的最后六个月内, 因不可抗力或者其他障碍不能行使请求权的,暂时停止计算诉讼时效期间,待阻碍时效进行的原因消除后,继续进行诉讼时效期间的计算。权利被侵害的无民事行为能力人、限制民事行为能力人没有法定代理人,或者法定代理人死亡、丧失代理权,或者法定代理人本人丧失行为能力的,可以认定为因其他障碍不能行使请求权,适用诉讼时效中止。但最长诉讼时效不适用诉讼时效中止的规定。

诉讼时效中断是指在诉讼时效进行期间,因发生一定的法定事由,使已经经过的时效期间统归无效,待时效中断的事由消除后,诉讼时效期间重新计算。诉讼时效中断的法定事由有:(1)提起诉讼;(2)当事人一方提出要求;(3)当事人一方同意履行义务;(4)权利人向人民调解委员会或者有关单位提出保护民事权利的请求。诉讼时效的中断要受到20年最长诉讼时效的限制。

专家支招:

对于债权债务民事纠纷的具体计算方法如下:(1)2年的起算时间:约定了付款时限的从付款时限届满时起算2年;未约定付款时限的,从按交易习惯确定的或补充约定的履行期届满时起算2年,或从债权人向债务人主张权利时明示的宽限期届满时,或从债务人明确拒绝付款时起计算2年,诉讼时效从权利被侵害时起最长不能超过20年。(2)2年的重复计算(时效中断):时效起算后,债权人每主张一次、或债务人每作出付款承诺一次或债务人每履行一次部分付款时起,重新计算2年一次。但时效最长不能超过20年。(3)时效中止:在计算2年的过程中,如果发生了特殊情况,使原告无法提起诉讼的,特殊事由发生期间应停止计算时效,待事由消除时时效继续,与事由发生前已计算的时效累计。

本案中,杨某对蒋某的债权按照约定的还款期限开始计算,已经超过了 2 年的诉讼时效，期间杨某没有诉讼时效中止和中断的事由，因此杨某已经丧失了请求人民法院依诉讼程序强制义务人履行义务的权利。

21.债权人起诉时,债务人下落不明的,法院能否受理和判决?

案例：

2003 年 6 月被告赵某做生意急需资金，就与原告李某商量借款 5 万元，赵某在拿到钱后向原告出具了借条，但是双方未约定还款期限。2004 年 5 月李某找赵某催要借款，得知赵某已经离开其住所地近两年，至今下落不明。原告李某遂起诉至法院，要求被告偿还借款。问：债权人起诉时，债务人下落不明的，法院能否受理和判决?

专家解析：

根据《民事诉讼法》第 21 条规定："对公民提起的民事诉讼，由被告住所地人民法院管辖；被告住所地与经常居住地不一致的，由经常居住地人民法院管辖。"《最高人民法院关于适用〈中华人民共和国民事诉讼法〉若干问题的意见》第 5 项："公民的经常居住地是指公民离开住所地至起诉时已连续居住一年以上的地方。但公民住院就医的地方除外。"

《最高人民法院关于人民法院审理借贷案件的若干意见》第 5 项："债权人起诉时，债务人下落不明的，由债务人原住所地或其财产所在地法院管辖。法院应要求债权人提供证明借贷关系存在的证据，受理后公告传唤债务人应诉，公告期限届满，债务人仍不应诉，借贷关系明确的，经审理后可缺席判决；借贷关系无法查明的，裁定中止诉讼。"债权人起诉后在被告缺席的情况下,法院首先看原告的证据充不充分,如果充分,法院可以公告传唤被告,公告期限届满,被告仍不应诉,借贷关系明确的,经审理后可缺席判决。

专家支招:

本案原告李某应当到债务人原居住地或者财产所在地的法院起诉。只要有足够证据证明该借贷关系存在,符合《民事诉讼法》规定的立案受理条件,人民法院就应该立案受理。债务人下落不明的,法院受理后一般用公告送达的形式传唤债务人应诉。公告期限届满,债务人仍不露面,法院对借贷关系明确的,经审理后可作缺席判决,判决生效后,尽管债务人下落不明,但只要债权人申请强制执行,法院仍可采取拍卖债务人的房屋等财产的办法,来为债务人清偿债务。

22.打民事官司的起诉状应该怎么写?

案例:

某报社新闻记者闫某在报纸上刊登了一篇关于"季某某公交车上拒不给老人让座"的报道,一时间季某某成为众人指责的对象,并且在单位和朋友之中造成了恶劣的影响,季某某多次向别人澄清当时不让座的理由是自己已经被确诊怀孕,且需要保胎。季某某认为闫某在没有调查事实真相的情况下,写出此篇报道,严重侵害了自己的名誉权,并对自己造成了精神损害,所以向法院提起诉讼。问:打民事官司的起诉状应该怎么写?

专家解析：

《民事诉讼法》第 120 条规定："起诉应当向人民法院递交起诉状，并按照被告人数提出副本。书写起诉状确有困难的，可以口头起诉，由人民法院记入笔录，并告知对方当事人。"第 121 条规定："起诉状应当记明下列事项：(一)原告的姓名、性别、年龄、民族、职业、工作单位、住所、联系方式，法人或者其他组织的名称、住所和法定代表人或者主要负责人的姓名、职务、联系方式；(二)被告的姓名、性别、工作单位、住所等信息，法人或者其他组织的名称、住所等信息；(三)诉讼请求和所根据的事实与理由；(四)证据和证据来源，证人姓名和住所。"

专家支招：

作为本案的原告，在向法院起诉时，要递交起诉状，而写起诉状需要注意以下几点：

(1)当事人的自然情况要准确、具体。自然情况包括：自然人的姓名、性别、年龄、民族、国籍、工作单位、住所地；法人的名称、住所地、法定代表人的姓名、职务。其中自然人的姓名、法人的名称与身份证、营业执照一致，当事人的住所地要准确、详细，要具体到门牌号。(2)在起诉状中要列明案由。案由通俗地说就是打的是什么官司。比如：您打的是离婚官司，案由就写离婚；您因为讨债打官司，案由就写借贷。(3)在诉讼请求部分，您要写明请求法院解决什么问题，要具体明确，比如：请求离婚、履行合同、要求赔偿等。有几项请求的，要一一列出，本案属于名誉权纠纷案件起诉，其诉讼请求为：①要求被告停止对原告名誉权的侵害；②要求被告赔偿原告名誉权损失人民币 1000 元；③要求被告在公开发行的报刊上向原告赔礼道歉，为原告消除影响，恢复名誉。(4)在事实部分，要明确写清双方纠纷的原因、经过、现状等。在理由部分，要针对事实，分清是非曲直，明确责任，并引用相关法条加以证明。(5)要注明致送法院的名称。您到哪个法院起诉,就应写明"致××法院"。(6)在起诉状的末尾,还要写清时间。自然人当事人要由本人签字,法人当事人要由法定代表人签字,并加盖法人单位的公章。

23.民事诉讼案件该如何申请回避?

案例:

张某和李某打架斗殴导致张某受伤,张某起诉到人民法院要求赔偿经济损失。人民法院开庭审理此案,在法庭辩论阶段,张某向人民法院提交书面申请,要求审判员王某某回避,理由是王某某是李某的高中同学。经查证李某确实与王某某是高中同学,而且二人关系要好。问:民事诉讼案件该如何申请回避?

专家解析:

回避制度是指审判人员具有法定情形,必须回避,不参与案件审理的制度。所谓法定情形,是指法律规定禁止审判人员参加对案件审理的情形。回避制度是保证案件获得公正审理的制度。《民事诉讼法》第44条规定:"审判人员有下列情形之一的,应当自行回避,当事人有权用口头或者书面方式申请他们回避:(一)是本案当事人或者当事人、诉讼代理人近亲属的;(二)与本案有利害关系的;(三)与本案当事人、诉讼代理人有其他关系,可能影响对案件公正审理的。审判人员接受当事人、诉讼代理人请客送礼,或者违反规定会见当事人、诉讼代理人的,当事人有权要求他们回避。审判人员有前款规定的行为的,应当依法追究法律责任。前三款规定,适用于书记员、翻译人员、鉴定人、勘验人。"

第 45 条规定:"当事人提出回避申请,应当说明理由,在案件开始审理时提出;回避事由在案件开始审理后知道的,也可以在法庭辩论终结前提出。被申请回避的人员在人民法院作出是否回避的决定前,应当暂停参与本案的工作,但案件需要采取紧急措施的除外。"第 46 条规定:"院长担任审判长时的回避,由审判委员会决定;审判人员的回避,由院长决定;其他人员的回避,由审判长决定。"第 47 条规定:"人民法院对当事人提出的回避申请,应当在申请提出的三日内,以口头或者书面形式作出决定。申请人对决定不服的,可以在接到决定时申请复议一次。复议期间,被申请回避的人员,不停止参与本案的工作。人民法院对复议申请,应当在三日内作出复议决定,并通知复议申请人。"

专家支招:

张某的回避申请是在法庭辩论终结前提出,是合理恰当的,而且审判人员王某某和被告李某的同学关系查证属实,确实可能影响案件的公正审理,该法院的院长可以决定该审判人员王某某回避。

24.民事诉讼中驳回诉讼请求的情况都有哪些?

案例:

张某因生意上需要资金周转,向谢某借款,谢某向张某工商银行的私人账户存入现金 25 万元,张某承诺 3 个月后还款。3 个月后,谢某找张某要求还款,张某以种种理由推托,甚至避而不见。谢某无奈,将张某告上法庭,要求返还借款并支付利息。但是,在法庭上张某说:"我没有向谢某借款。"谢某又没有证据证明借款事实的存在。问:民事诉讼中驳回诉讼请求的情况都有哪些？法院应该怎么判决？

专家解析：

　　驳回诉讼请求，是指人民法院对已经立案受理的案件经审理后，发现原告请求法院保护的实体权利不符合法律规定的条件，因而对原告的请求不予保护的司法行为。所要解决的是实体意义上的诉权问题，它针对的是不符合法律规定的实体请求，用判决的方式作出。下列情况可能被判决驳回诉讼请求：

　　（1）原告的诉讼请求没有事实依据。原告向人民法院起诉时，按照《民事诉讼法》第119条的规定，必须有明确的诉讼请求，且该诉讼请求应有具体的事实、理由支持。但立案庭在受理案件时，并不可能对原告陈述的"事实"作实质性的审查，该"事实"实际上尚处于一种待定状态，与通过开庭审理后查清的据以作出裁判的事实未必一致。根据"谁主张、谁举证"的民事诉讼基本原则，原告有责任对自己的诉讼请求所依据的事实提供证据加以证明，否则应承担不利的法律后果。因此，如果在审理过程中，原告不能提供证据，而人民法院依职权也调取不到支持原告诉讼请求所依据的事实的证据时，则应判决驳回原告的诉讼请求，以保护被告的合法权益。

　　（2）原告的诉讼请求没有法律依据。只有有法律依据的诉讼主张，人民法院才能予以保护，没有法律上的支持，法院则必然驳回原告的诉讼请求。例如原告的诉讼请求超过了被告依法应承担的责任部分，因公民、法人的合法权益受法律保护，其超过部分的诉讼请求将被驳回；另如被告依法应承担某种责任，而原告却提出要其承担他种责任的。对这些类似情形，应依据《民法通则》有关被告应承担何种民事责任的条款，在判决被告承担应承担的民事责任时，驳回原告的其他诉讼请求。

　　（3）原告错误地主张法律关系。错误主张法律关系是指原告在起诉时提出的诉讼请求与案件事实是两个不同性质的法律关系。由于当事人不可能都具备较深的法学理论水平，往往对案件事实的法律关系性质难以确定，通常是以常理认为而向法院提起诉讼，因而不可避免提出错误的法律关系主张；这种错误的法律关系主张将因案件本身事实证据与诉讼请求不具关联性，而导致原告必然败诉，其诉讼请求必然被驳回。

（4）原告超过诉讼时效提起诉讼。对于诉讼时效，《民法通则》相关规定及最高人民法院关于贯彻执行《中华人民共和国民法通则》若干问题的意见均有详细的规定，即"当事人超过诉讼时效期间起诉的，人民法院应予受理，受理后查明无中止、中断、延长事由的，判决驳回原告的诉讼请求"。

专家支招：

本案中原告谢某不能提供支持原告诉讼请求所依据的事实的证据时，法院则应判决驳回原告的诉讼请求。

25.诉讼代理人在打民事官司时有哪些权利和义务？

案例：

原告田某（女）与被告谢某（男）均系哑人。经人介绍相识后结婚，婚后生一女孩。婚后因夫妻双方性格不合，经常发生争执。田某向当地人民法院提起诉讼，要求与谢某离婚，并要求抚养女儿。人民法院受理案件后，认为原、被告均系哑人，于是分别通知原告之母席某与被告之父谢某某，分别作为原、被告诉讼代理人参加诉讼。原告之母席某在向被告谢某的工作单位调取工资证明的时候,遭到拒绝。问:诉讼代理人在打民事官司中有哪些权利和义务?

专家解析:

《民事诉讼法》第61条规定:"代理诉讼的律师和其他诉讼代理人有权调查收集证据,可以查阅本案有关材料。查阅本案有关材料的范围和办法由最高人民法院规定。"律师和其他诉讼代理人代理诉讼主要有以下两个方面的权利:(1)有权调查收集证据。民事诉讼法最突出的一个特点就是加重了当事人的举证责任。当事人对自己的主张,有提供证据的责任,只有在当事人因客观原因不能收集证据或法院认为有必要时,人民法院才主动调查、收集证据。因此,赋予诉讼代理人收集调查证据的权利十分必要。代理人可以调查收集书证、物证、视听资料、证人证言,并可以要求有关鉴定部门对某一事实进行鉴定等。(2)查阅本案有关材料。有关材料,一般指法庭审理过程中所有的证据材料、庭审笔录,以及起诉状、答辩状、代理意见书等在法庭审理中涉及的材料。至于有关材料的具体范围以及查阅的办法,由最高人民法院规定。

诉讼代理人依法履行义务,有利于维护人民法院民事审判秩序,及时审结民事案件。根据民事诉讼法的规定,诉讼代理人有保守秘密的诉讼义务。保守秘密的范围有:(1)保守国家秘密,代理的案件,涉及国家秘密的材料,不得查阅,已经知道的,不得告知当事人,更不许散布、传递。(2)保守商业秘密,诉讼代理人代理合同纠纷案件时,凡属商业秘密的不能查阅。(3)保护个人的隐私,诉讼代理人代理案件,涉及个人隐私的,不论是被代理方,还是对方,都不许查阅,以防散布出去,影响当事人关系,带来不良的社会影响。

专家支招:

本案中原告之母席某为原告诉讼代理人,依照法律的规定享有调查收集证据的权利，有关单位和个人对诉讼代理人调查取证的工作应当支持。

26.民事证据有哪些种类？

案例：

王某有四个儿女，王某在老伴去世后，一直随小女儿王某某生活，后王某生病卧床，小女儿王某某一直尽心尽力照顾，王某遂写下遗嘱将自己的房产和全部存款都交由小女儿王某某继承。王某去世后，其他三个儿女要求分割遗产，王某某将遗嘱拿出，其他三个儿女认为父亲不会如此偏心，该份遗嘱是王某某在王某生病期间伪造，遂向法院提起诉讼，要求法院认定该遗嘱无效，按照法定继承继承其父遗产。问：民事证据有哪些种类？本案中的证据是什么？

专家解析：

民事证据是指能够证明民事案件真实情况的各种客观事实。在判断一个事实资料能否作为证据使用时，需依据证据所具有的三个特性：第一，客观性，即证据是客观存在的或者是对客观存在的客观反映。如书证、物证，要求应当是原件；而证人证言、当事人陈述等证据则只能是对客观存在的客观反映。第二，关联性，即证据与待证事实之间需存在一定的内在联系。第三，合法性，即证据需符合法定形式要求以及收集证据的程序应合法。根据《最高人民法院关于民事诉讼证据的若干规定》(以下简称"证据规定")第68条，以侵害他人合法权益或者法律禁止性规定的方法取得的证据，不能作为认定案件事实的依据。该条文作为民事诉讼中证据的排除规则，排除了以侵害他人合法权益或者法律禁止性规定的方法取得的证据在民事诉讼中的运用。

根据《民事诉讼法》第63条规定，民事证据共有以下8种：

（1）书证。书证是指以文字、符号、图表所记载或表示的内容、含义来证明案件事实的证据。书证从理论上可以分为以下几类：①以制作书证的主体为标准，分为公文书和私文书；②以书证的不同内容为标准，分为处分性书证和报道性书证；③以书证的不同形式为标准，分为一般书证和特别书证；④以书证的制作方式不同，分为原本、正本、副本、复印件和节录本。

（2）物证。物证是指以其外部特征和物质属性，即以其存在、形状、质量等证明案件事实的物品。

（3）视听资料。视听资料是指利用录音带、录像带、光盘等反映的图像和音响以及电脑储存的资料来证明案件事实的证据。

（4）证人证言。证人证言是证人向法院所作的能够证明案件情况的陈述。

（5）电子证据。

（6）当事人陈述。当事人陈述指当事人就案件事实向法院所作的陈述。①当事人的明示承认。即诉讼过程中，一方当事人对另一方当事人陈述的案件事实明确表示承认的，另一方当事人无需举证。但涉及身份关系的案件除外。②当事人的默示承认。即对一方当事人陈述的事实，另一方当事人既未表示承认也未否认，经审判人员充分说明并询问后，其仍不明确表示肯定或者否定的，视为对该项事实的承认。③诉讼代理人的承认。当事人委托代理人参加诉讼的，代理人的承认视为当事人的承认。但未经特别授权的代理人对事实的承认直接导致承认对方诉讼请求的除外；当事人在场但对其代理人的承认不作否认表示的，视为当事人的承认。④承认的撤回。当事人在法庭辩论终结前撤回承认并经对方当事人同意，或者有充分证据证明其承认行为是在受胁迫或者重大误解情况下作出且与事实不符的,不能免除对方当事人的举证责任。

（7）鉴定意见。鉴定意见,是指有专门知识的鉴定人对案件中的专门性问题进行鉴定后提出的书面意见。

（8）勘验笔录。勘验笔录是指法院为查明案件事实对有关现场和物品进行勘查检验所作的记录。

专家支招：

本案中的证据是王某生前所立下的遗嘱,属于民事证据中的书证。根据《民事诉讼法》第70条规定:"书证应当提交原件。"王某某的其他三个兄弟姐妹认为该份书证系王某某伪造,也可以根据《民事诉讼法》第76条 "当事人可以就查明事实的专门性问题向人民法院申请鉴定。当事人申请鉴定的,由双方当事人协商确定具备资格的鉴定人;协商不成的,由人民法院指定"的规定,向人民法院申请鉴定,鉴定意见也会成为本案的证据。

27.在民事诉讼官司中,原被告收集证据的方法 和途径是什么?

案例：

小李和朋友小于一起在某饭店吃饭, 其间邻桌的贾某因为醉酒将酒水泼到小于的脸上,小于大怒,两人厮打起来,小李在拉架的过程中,导致贾某摔倒在地,小腿骨折。后贾某以小李和小于为共同被告向法院提起侵权损害赔偿诉讼。小李认为自己只是拉架,并未参与打架,不应该作为被告,并且饭店的服务人员对此事实均可作证。问:在民事诉讼官司中,原被告收集证据的方法和途径是什么?

专家解析:

《民事诉讼法》第64条规定:"当事人对自己提出的主张,有责任提供证据。"民事诉讼实行"谁主张、谁举证"。原告提起诉讼,原告就有义务为他们诉讼请求举证,证明其诉讼请求合理合法有据,被告反驳对方的诉讼请求,提起反诉,就有义务提供相应的证据进行佐证。因此在打官司的过程中,原被告均有收集证据的权利义务,下面介绍收集证据的方法和途径。

(1)当事人应注意保存证据。当事人从民事法律行为发生之日起就应该注意收集和保存证据,这是取证的首选方法,因为,当事人只有在民事法律行为发生之日就开始保存和收集证据,才能为将来发生纠纷时出示对自己有利的证据打下基础,否则等到纠纷发生,再收集证据将十分不利,有时会无法收集到证据。订立合同,就应该保存好合同,履行合同就应该保存好交付货物、交付原材料的交接记录。

(2)到有关单位或部门去调查收集证据。原被告可以到工商局、土地局、房产局、档案馆等单位或部门调查收集证据。到不同的部门有不同的目的:到工商局可以收集企业单位的主体资格、存续时间、股权结构、股东身份等证据;到土地局,则是为了收集土地使用权的取得、变更、终止的证据;到房地局则是为了收集房屋所有权取得、变更、消灭及他项权利的设立、变更、消灭等方面的证据。

(3)找证人调查。有时候有些证据无法从有关单位或部门取得书面材料,只能从事件亲历者那里获得,因此证人证言对于打官司来说是必不可少的。

(4)进行鉴定。在有些案件中,除了书证、物证、证人证言外,还必须要有鉴定结论佐证。如人身伤害案件中,就必须要对受害者进行伤情鉴定,后期治疗费的鉴定,因此在提起诉讼之前,就必须要做好这方面的工作,以便向法院提交一套十分可靠完整的证据。

专家支招:

　　本案属于人身伤害类的案件,这类案件由于致害人对受害人所采取的侵权行为,往往不是通过文字的形式反映,而是通过一定的行为表现的,而这些行为除了受害人是亲历者外,更重要的是在场的证人,只有证人才能为受害人提供其权利被侵害的可靠证据,否则就无法证明受害人是何时何地,因何原因,被何人所伤,此时证人证言对于受害人主张自己的权利具有十分重要的意义。

　　小李或者小李的诉讼代理人可以对本案的事实找证人调查,通过调查询问的方式收集证人证言。这种调查询问的方式,可以用文字形式表现出来,也可以用录音的形式记载下来。而采用何种方式则要看证人是否愿意接受调查,是否愿意出庭作证。对于愿意接受调查,且愿意出庭作证的人,则可以用询问的方式来进行,反之则可以通过录音录像的方式来进行。同时找证人调查还要注意调查之前要征询他是否同意接受调查,并要告知其在必要时应出庭作证。

28.民事诉讼在什么情况下由法院调查收集证据?

案例:

　　原告王某向法院起诉称其在公共汽车站等公共汽车,汽车进站时,杨某某为躲避汽车将她撞倒在地,使她右腿胫骨骨折,在医院做手术花了 5000 元医药费,要求杨某某赔偿。杨某某辩称:当时王某为躲避公共汽车突然后退，她撞在我身上后坐在地上。因此对王某受伤，杨某某没有任何责任，不存在赔偿问题。原告指出当时一名男青年在场，目睹了整个过程，而经过原告王某的代理人张律师调查，这名男青年近日由于刑事犯罪已经被公安机关逮捕。问：民事诉讼在什么情况下由法院调查收集证据？

专家解析：

按照《民事诉讼法》第64条的规定，"当事人及其诉讼代理人因客观原因不能自行收集的证据，或者人民法院认为审理案件需要的证据，人民法院应当调查收集。"

（1）当事人及其代理人可以申请法院调查取证的情形：第一，申请调查收集的证据属于国家有关部门保存并须人民法院依职权调取的档案材料；存放在党政机关的尚未解密的档案。第二，涉及国家秘密、商业秘密、个人隐私的材料。例如个人和单位的银行存款、银行账户。第三，当事人及其诉讼代理人确因客观原因不能自行收集的其他材料。这里所指的客观原因：主要包括下列情形：①主要证据材料掌握在对方当事人手中，申请人无法收集，且该证据影响对主要案件事实认定的。②证人确有正当理由不能出庭作证，且该证人证言对查明案件事实具有重要影响的。③当事人无文化或文化程度低，没有调查取证能力或者无经济能力聘请代理人调查取证的。④其他影响申请人调查取证的客观情形的。但这里所指的客观原因，应当排除当事人怠于收集证据和当事人隐匿已收集到的证据这两种情况。

（2）人民法院认为审理案件需要的证据，是指以下情形：第一，涉及可能有损国家利益、社会公共利益或者他人合法权益的事实；第二，涉及依职权追加当事人、中止诉讼、终结诉讼、回避等与实体争议无关的程序事项。

专家支招：

在办理民事案件，需要向尚未审结的刑事案件被告人调查了解情况或取其口头陈述,这就是当事人及其代理人无法自行收集的证据,就需要人民法院去收集。本案中原告王某及其诉讼代理人可以申请人民法院调查收集证据,应当提交书面申请。申请书应当载明被调查人的姓名或者单位名称、住所地等基本情况、所要调查收集的证据的内容、需要由人民法院调查收集证据的原因及其要证明的事实。当事人及其诉讼代理人申请法院调查收集证据,不得迟于举证期限届满前 7 日。

人民法院对当事人及其诉讼代理人的申请不予准许的, 应当向当事人或其诉讼代理人送达通知书。当事人及其诉讼代理人可以在收到通知书次日起 3 日内向受理申请的人民法院书面申请复议一次。人民法院应当在收到复议申请之日起 5 日内作出答复。

29.打民事官司时,对哪些事实,当事人不需举证证明?

案例：

杨某开一家超市,谢某负责为其供货。双方才开始业务往来时每次送货收货都有手续,但双方业务时间久了之后,杨某收货时就不再为谢某打收条。谢某也认为双方业务关系一直很好,因此谢某在收到杨某的货款时也没有打收到条。后因杨某长期拖欠谢某的货款不给,谢某将杨某诉至法院,要求杨某支付 5000 元货款。在庭审过程中,谢某没有证据证明其给杨某送货, 但在法官询问杨某和谢某双方是否存在业务关系时,杨某承认谢某为其送了货,价款为 5000 元。问:打民事官司时,对哪些事实,当事人不需举证证明?

专家解析:

根据《最高人民法院关于适用〈中华人民共和国民事诉讼法〉若干问题的意见》以及《最高人民法院关于民事诉讼证据的若干规定》的规定,当事人不需举证证明的事实包括:

(1)众所周知的事实,是指一定区域内具有通常知识经验的一般人都知道的事实。是否众所周知,应从具体的社会生活是否依其通常知识经验所知悉而定,但某事实仅为具有特定职业、地位等人所知悉,而非一般人所知晓的,不属于众所周知的事实;如某事实并非显著,或尚有争执的,也与众所周知事实的性质不相符合,仍应作为证明的对象。因该事实被认定而处于不利地位的一方当事人在法庭辩论时有权提出不同意见、提出相反证据,该方当事人提出相反主张,并要求当事人以反证证明。

(2)自然规律及定理,有的广为人知,成为众所周知的事实的一部分,因而不必举证证明。有的虽然不具有共知性,但已经过实践的反复检验,其客观实在性及真实性不致有误,所以同样不必证明。

(3)推定的事实。推定,是指依照法律规定或者由法院按照经验法则,从已知的某一事实推断未知的另一事实存在,并允许当事人提出反证推翻的一种证据法则。将推定事实列为无须证明的事实,有两点需要说明:第一,当作为推定事实的前提事实处于不明状态时,主张推定事实存在的当事人虽然不必证明推定事实,但需要对前提事实的存在进行证明;第二,推定事实并非都是不可争议的事实,在法律允许当事人提出相反的证据推翻推定事实的情况下,当事人提出反证后,推定事实将重新成为证明的对象。

(4)法院的确定裁判预决的事实。所谓法院的确定裁判预决的事实,是指已为发生法律效力的裁判所确认的事实。确定裁判预决的事实之所以不必证明,归根结底取决于生效裁判的既判力。在实际诉讼中,如果审理案件的审判人员不知道具有预决效力的判决存在,主张存在这种判决的当事人应提出判决书或其副本予以证明,法院有权对自己已了解的预决事实进行司法认知。判决书或副本提出后,法院就不必再对该事实进行调查,主张该事实存在的当事人便免去了举证责任。如果当事人或有关部门请求法院出具判决书法律效力证明,法院可根据案件的实际需要出具证明,并加盖院印。

(5)仲裁裁决预决的事实,是指仲裁机构依法作出的生效仲裁裁决所确认的事实。仲裁裁决书虽非法院作出的裁判,但与确定的判决有同一效力,也具有既判力。在司法实践中,如果审理案件的法官或仲裁员不知道具有预决效力的仲裁裁决存在,主张存在这种判决的当事人应提出仲裁书予以证明。

(6)公证证明的事实。《民事诉讼法》第69条规定:"经过法定程序公证证明的法律行为、法律事实和文书,人民法院应当作为认定事实的根据。但有相反证据足以推翻公证证明的除外。"

(7)诉讼上自认,诉讼上自认是指当事人在诉讼过程中向法庭承认对方所主张的不利于己的事实。当事人可根据实际情况,全部承认或部分承认。《最高人民法院关于民事诉讼证据的若干规定》第8条第3款规定:"当事人委托代理人参加诉讼的,代理人的承认视为当事人。"

专家支招:

《最高人民法院关于民事诉讼证据的若干规定》第8条内容为:"诉讼过程中,一方当事人对另一方当事人陈述的案件事实明确表示承认的,另一方当事人无须举证。但涉及身份关系的案件除外。"本案中杨某承认谢某为其送了货,价款为5000元,属于民事诉讼中的自认,对方当事人无须举证,免除对方当事人的举证责任。

30.打官司应如何防范举证超过时限的风险?

案例:

江某因与某房地产开发公司的拆迁合同纠纷诉至法院,并提供相关证据,6月21日,法院受理了该案,同时向江某送达了"举证通知书"。6月25日,法院送达室将"举证通知书"、原告的举证材料及有关诉讼文书交由本市邮政部门特快专递送达给被告某房地产公司,邮政部门次日将送达情况反馈法院:因管公章的人员不在,已由被告办公室人员沈某签收,直至9月12日,被告才将有关证据提供给法院。庭审中,原告指出,由于被告的举证大大超过了举证期限,应视为放弃举证,原告对此将不予质证。问:打官司应如何防范举证超过时限的风险?

专家解析:

《民事诉讼法》第65条规定:"当事人对自己提出的主张应当及时提供证据。人民法院根据当事人的主张和案件审理情况,确定当事人应当提供的证据及其期限。当事人在该期限内提供证据确有困难的,可以向人民法院申请延长期限,人民法院根据当事人的申请适当延长。当事人逾期提供证据的,人民法院应当责令其说明理由;拒不说明理由或者理由不成立的,人民法院根据不同情形可以不予采纳该证据,或者采纳该证据但予以训诫、罚款。"

证据应在法院通知的期限内提交,否则可能会视为放弃举证权利。当事人申请法院调查取证、申请法院保全证据都应在举证期限届满7日前提出,申请证人出庭作证,应在举证期限届满前10日提出,否则将分别承担不予调查、不予保全和举证不能的后果。

由于当事人的原因未能在指定期限内举证，致使案件在二审或者再审期限因提出新的证据被法院发回重审或者改判的，要负担对方当事人由此增加的差旅、误工、证人出庭作证、诉讼等合理费用以及由此扩大的损失。

根据《最高人民法院关于民事诉讼证据的若干规定》第33条规定，举证期限包括：（1）一审民商事案件的举证期限分为三种情形，一般不得少于30日。案情复杂，举证难度较大的，可多于30日；案情简单，举证难度不大的，经各方当事人同意，也可以少于30日。（2）二审案件的举证期限可少于30日。由于各当事人受送达的日期不同，各当事人举证期限的起算日期是不同的，因此举证期限的起算日期是以当事人受送达的日期为起算点。

专家支招：

本案的举证日期应从当事人受送达的日期即6月25日为起算点，本案中法院依法向双方当事人送达了举证通知书，且通知书中明确"应在收到本通知次日起30日内的举证期限内向本院提交证据材料"，但被告方当事人直至收到举证通知书后的79天才向法院提交证据材料。被告方当事人逾期提供证据的行为应视为放弃举证权利，人民法院对逾期提供的证据将不组织质证。

31.民事诉讼中认定证据的标准是什么？

案例：

刘某给某公司开发的小区供应水泥，并进行了部分施工，货款及施工费共计20万元。工程完工后，刘某同建筑商进行了对账，经与某公司共同协商,此款由某公司支付。某公司的工程负责人张某收回了刘某的对账单,并给刘某打了个收条。过了半年,刘某拿着收条到某公司要钱时,某公司不认账,声称张某已离职,并没将对账单交给公司。刘某无奈就将某公司告到了法院。法院审理过程中,某公司坚持没有收到张某的对账单。问:民事诉讼中认定证据的标准是什么?本案中刘某的合法权益是否能够维护?

专家解析:

民事诉讼中对于证据的认定应当从各证据与案件事实的关联程度、各证据之间的联系等方面进行综合审查判断。主要从以下几个方面进行认定:

（1）在诉讼中,当事人为达成调解协议或者和解的目的作出妥协所涉及的对案件事实的认可,不得在其后的诉讼中作为对其不利的证据。

（2）以侵害他人合法权益或者违反法律禁止性规定的方法取得的证据,不能作为认定案件事实的依据。

（3）一方当事人提出的下列证据,对方当事人提出异议但没有足以反驳的相反证据的,人民法院应当确认其证明力:①书证原件或者与书证原件核对无误的复印件、照片、副本、节录本;②物证原物或者与物证原物核对无误的复制件、照片、录像资料等;③有其他证据佐证并以合法手段取得的、无疑点的视听资料或者与视听资料核对无误的复制件;④一方当事人申请人民法院依照法定程序制作的对物证或者现场的勘验笔录。

（4）人民法院委托鉴定部门作出的鉴定结论,当事人没有足以反驳的相反证据和理由的,可以认定其证明力。

（5）一方当事人提出的证据,另一方当事人认可或者提出的相反证据不足以反驳的,人民法院可以确认其证明力。一方当事人提出的证据,另一方当事人有异议并提出反驳证据,对方当事人对反驳证据认可的,可以确认反驳证据的证明力。

（6）当事人对自己的主张，只有本人陈述而不能提出其他相关证据的，其主张不予支持。但对方当事人认可的除外。诉讼过程中，当事人在起诉状、答辩状、陈述及其委托代理人的代理词中承认的对己方不利的事实和认可的证据，人民法院应当予以确认，但当事人反悔并有相反证据足以推翻的除外。

（7）有证据证明一方当事人持有证据无正当理由拒不提供，如果对方当事人主张该证据的内容不利于证据持有人，可以推定该主张成立。

（8）人民法院认定证人证言，可以通过对证人的智力状况、品德、知识、经验、法律意识和专业技能等的综合分析作出判断。人民法院应当在裁判文书中阐明证据是否采纳的理由。对当事人无争议的证据，是否采纳的理由可以不在裁判文书中表述。

专家支招：

根据《最高人民法院关于民事诉讼证据的若干规定》第75条规定："有证据证明一方当事人持有证据无正当理由拒不提供，如果对方当事人主张该证据的内容不利于证据持有人，可以推定该主张成立。"这条规定是对"谁主张，谁举证"的补充，本案中，原告刘某提供了被告某公司的工作人员张某工程完结后给原告出具的收条，证明对账单在被告手中，举证责任已完成，因对账单是对原告的诉讼主张有至关重要影响的证据，符合第75条规定情形，法院应该认定刘某的主张成立。

32.民事诉讼中法院审核认定证据的规则是什么？

案例：

夏某与马某是多年的朋友，夏某买房子的时候急需用钱，从马某处借了 5 万元，马某通过银行将 5 万元转账给夏某。1 年后，马某因急需用钱向夏某索要这 5 万元的借款，夏某拒不承认。马某遂向法院提起诉讼，在法庭审理过程中，马某出示了一份录音资料，这份录音正是当时夏某向马某借钱时，马某未经夏某同意而私自录制的。问：民事诉讼中法院审核认定证据的规则是什么？马某提供的录音资料能否被法院认定？

专家解析：

民事诉讼中法院审核认定证据的规则有以下几个：

（1）非法证据排除规则：以侵害他人合法权益或违反禁止性规定的方法取得的证据，不能作为认定案件事实的依据。（2）补强证据规则：人民法院对视听资料，应当辨别真伪，并结合本案的其他证据，审查确定能否作为认定事实的根据。下列证据不能单独作为认定案件事实的根据：①未成年人所作的与其年龄和智力不相当的证言；②与一方当事人或者其代理人有利害关系的证人出具的证言；③存有疑点的视听资料；④无法与原件、原物核对的复印件、复印品；⑤无正当理由未能出庭作证的证人证言。（3）最佳证据规则：人民法院就数个证据对同一事实的证明力，可以依照下列原则认定：①国家机关、社会团体依职权制作的公文书证的证明力一般大于其他书证；②物证、档案、鉴定结论、勘验笔录或者经过公证、登记的书证，其证明力一般大于其他书证、视听资料和证人证言；③原始证据的证明力一般大于传来证据；④直接证据的证明力一般大于间接证据；⑤证人提供的对与其有亲属或者其他密切关系的当事人有利的证言，其证明力一般小于其他证人证言。（4）推定规则：推定可分为法律推定和事实推定两种。有证据证明一方当事人持有证据无正当理由拒不提供，如果对方当事人主张该证据的内容不利于证据持有人，可以推定该主张成立，这种推定属于法律上的推定。

专家支招：

　　未经对方同意私自录制的谈话资料，只要没有侵犯他人的合法权益(如侵犯隐私权)和违反法律的禁止性规定(如窃听)，就可以允许当事人提出，予以质证后作为认定案件事实的依据。因此马某的证据可以作为证明借款事实存在的证据，法院应该予以认定。

33.特殊侵权诉讼该如何承担举证责任？

案例：

　　周某某因分娩困难在某医院进行了剖腹产手术，手术之后恢复一直不好，经常腹痛。在到省级医院做检查的时候，发现腹部留有医用纱布。周某某遂将该医院起诉至法院。问：特殊侵权诉讼该如何承担举证责任？ 医疗事故纠纷的举证责任由谁承担？

专家解析：

　　《民事诉讼法》第 64 条规定："当事人对自己提出的主张，有责任提供证据。"根据《最高人民法院关于民事诉讼证据的若干规定》，下列侵权诉讼，按照以下规定承担举证责任：

　　(1)因新产品制造方法发明专利引起的专利侵权诉讼，由制造同样产品的单位或者个人对其产品制造方法不同于专利方法承担举证责任；(2)高度危险作业致人损害的侵权诉讼，由加害人就受害人故意造成损害的事实承担举证责任；(3) 因环境污染引起的损害赔偿诉讼，由加害人就法律规定的免责事由及其行为与损害结果之间不存在因果关系承担举证责任;(4)建筑物或者其他设施以及建筑物上的搁置物、悬挂物发生倒塌、脱落、坠落致人损害的侵权诉讼,由所有人或者管理人对其无过错承担举证责任;(5)饲养动物致人损害的侵权诉讼,由动物饲养人或者管理人就受害人有过错或者第三人有过错承担举证责任;(6)因缺陷产品致人损害的侵权诉讼,由产品的生产者就法律规定的免责事由承担举证责任;(7)因共同危险行为致人损害的侵权诉讼,由实施危险行为的人就其行为与损害结果之间不存在因果关系承担举证责任;(8)因医疗行为引起的侵权诉讼,由医疗机构就医疗行为与损害结果之间不存在因果关系及不存在医疗过错承担举证责任。

专家支招:

在医疗事故纠纷中,患方只要举证证明其与医院存在医患关系及其受到医疗损害即可,剩下的就由医院来证明了。依照举证责任分担的原则,医院在举证不能的情况下,就要承担败诉的后果。

34.医疗事故纠纷患者起诉要准备的证据有哪些?

案例:

(同案例 33)

专家解析:

在医疗纠纷案件中,虽然适用举证责任倒置原则,但并非意味着患方不存在任何举证责任。除了医方是否存在过错,过错与损害结果之间是否存在因果关系问题适用举证责任倒置原则,由医疗机构举证外,对于案件其他事实,仍适用"谁主张,谁举证"的一般原则,由患方来举证。所以患方要获得赔偿,必须证明患者与医疗机构之间存在医患关系以及损害事实的存在。另外,诸如原告是否为适格的主体等侵权案件中涉及的其他问题也都应由原告举证。如果不能证明上述事实,则患方的起诉将被法院驳回。

专家支招:

医疗事故患者起诉要准备如下证据:(1)患方的身份及亲属关系证明:患者身份证复印件,如患者死亡或不具有完全民事行为能力,则还需法定继承人或法定代理人(如配偶、父母、子女、兄弟姐妹等)的身份证及户口簿复印件。(2)病历资料复印件,包括患者门诊病历、住院志(入院记录)、体温单、医嘱单、化验单(检验报告)、医学影像检查资料、特殊检查同意书、手术同意书、手术及麻醉记录单、病理资料、护理记录、出院(死亡)小结等。(3)患者或家属的误工证明,如工资单或单位出具的工资证明;无工作单位的,由居委会或村委会出具无业证明。(4)相关费用单据和清单,包括相关的医疗费单据、护理费单据、营养费单据、交通费单据;如患者伤残,需提供残疾等级证明和残疾用具费单据;如患者死亡,需提供丧葬费单据,伤残和死亡都应提供患者实际抚养的、无其他生活来源者的户籍证明及无业证明。(5)其他,如有关专家的意见、证人证言、鉴定结论、医学文献资料等。

证据必须说明证据的来源;书证须提交原件,提交原件确有困难的,可以提交复制品、照片、副本或节录本。其中,所有复印件必须以A4纸张复印,对于费用单据的复印,必须按照费用发生日期和种类或费用的出具单位进行分类,并展开平铺于A4纸进行复印。

35.民事诉讼官司中债务纠纷案件应提供哪些证据？

案例：

钟某向武某借款人民币 30 万元，双方约定借款期限为 18 个月，不计利息，到时一次性归还。当日，钟某向武某出具了借条一张。后钟某向武某归还了借款 10 万元，尚有 20 万元未能归还，双方因此发生纠纷。武某遂向法院起诉。问：民事诉讼官司中债务纠纷案件应提供哪些证据？

专家解析：

《民事诉讼法》第 64 条规定："当事人对自己提出的主张，有责任提供证据。当事人及其诉讼代理人因客观原因不能自行收集的证据，或者人民法院认为审理案件需要的证据，人民法院应当调查收集。人民法院应当按照法定程序，全面地、客观地审查核实证据。"第 65 条规定："当事人对自己提出的主张应当及时提供证据。人民法院根据当事人的主张和案件审理情况，确定当事人应当提供的证据及其期限。当事人在该期限内提供证据确有困难的，可以向人民法院申请延长期限，人民法院根据当事人的申请适当延长。当事人逾期提供证据的，人民法院应当责令其说明理由；拒不说明理由或者理由不成立的，人民法院根据不同情形可以不予采纳该证据，或者采纳该证据但予以训诫、罚款。"

专家支招：

要想打好债务纠纷官司，在向人民法院提起诉讼时，必须提供下列证据：

原告(债权人)应提供包括：(1)能证明与被告之间存在债权的证据材料。如合同、借条、收据、欠条等。这方面的证据应在起诉时附在诉状后面一同交给法院。应当注意的是当事人提供的借据等书证应是原件，如果提供不出原件的，则应以其他证据佐证，复制的收据借条等不宜作为证据使用。(2)自己已履行义务而被告逾期不履行义务的证据。如钱款在何日何地通过什么方式交给了被告，而被告到期仍不归还，最好能提供与债权、债务人无关系的证明人。(3)如有担保人或介绍人，必须要提供担保人或介绍人的姓名、性别、年龄、工作单位、家庭住址，若是单位担保，须提供单位名称、地址、法定代表人等情况。(4)提供有关被告不履行义务的原因的证据。

被告主要提供足以证明债务已经履行或者已经发生变更、取消的证据材料。若提供的是带有伪造、欺骗性质的材料，则要承担法律责任。

36.经济合同纠纷案件起诉时应提交哪些证据？

❀ ❀ ❀

案例：

A公司与B工程有限公司签订《钢结构安装施工合同》，约定A公司承建厂房钢结构安装工程。合同约定，自竣工验收之日起15日内支付决算总价的95%，余下5%为质量保证金，自完工交付使用后12个月付清。合同签订后，A公司按合同约定完成了施工项目的全部内容，履行了合同约定的义务。依据《钢结构安装施工合同》，该工程最后决算款为260万元(系A公司单方计算，未经B工程有限公司确认)。B工程有限公司于合同签订后支付了100万元工程预付款，完工后经A公司多次催要,也仅支付了 50 万元,尚欠工程款 110 万元。问:经济合同纠纷案件起诉时应提交哪些证据?

专家解析:

《民事诉讼法》第 64 条规定:"当事人对自己提出的主张,有责任提供证据。"第 65 条规定:"当事人对自己提出的主张应当及时提供证据。"当事人在向法院提起诉讼时,对自己提出的主张,负有提供证据证明其真实性的责任。如果原告对自己所提的主张不实施举证或证据材料无法证实其主张的,将承担不利的诉讼后果。

专家支招:

原告在起诉第一审经济纠纷案件时,须提供下列一般证明、证据:(1)企业法人、个人合伙、个体工商户的资格证明(营业执照原件,如是复制件,须与原件核对并加注明后,将原件退还),开户银行和账号。起诉状上的原、被告名称,须与营业执照、合同章相符合,如不一致或被告主体已变更、合并、关闭,需加以说明,并提供被告现在的准确所在地。(2)法人的法定代表人、委托代理人的身份证明,授权委托书必须写明代理事项和代理权限。(3)合同及与合同有关的文书、电报、信函(包括信封)、图表;变更、补充合同的协议、合同和其他附件,合同签订地及其证明材料。应提供原件,复制件须经过核对。(4)送货、提货、托运、运输、验收、发票等凭证。(5)货款、工程款、运输费、保管费、租赁费、转让费、劳务费、酬金等结算凭证和有关财务账目的复印件。(6)要求赔偿损失的依据及有关证明。(7)要求支付违约金的依据、计算办法及有关证明。(8)起诉前自行协商或通过有关部门处理的有关凭证。(9)其他与诉讼有关的依据。

原告在起诉第一审经济纠纷案件时,除提供一般证明、证据外,还须按照诉讼请求内容,提供必要证据:

第一,建设、建筑工程承包合同纠纷,须提供:国家批准的投资计划、计划任务书、工程承包单位营业执照的原件(如复制件,须与原件核对无误,并加注明后,将原件退还)、技术级别证书,建筑许可证、工程决算书及其审核意见书和工程验收报告等。

第二,质量纠纷,须提供:质量检验的鉴定报告,如有产品封样验收规定的则应有产品封样的日期、方式等说明和有关实物。

第三,技术合同纠纷,须提供:与合同有关的技术资料,可行性论证、技术评价报告、项目任务书与计划书,技术标准与规范,原始设计与工艺文件以及图纸、表格、数据照片等。

第四,商标侵权纠纷,须提供:注册商标的文字、图形和核准日期;假冒产品的实物、书证;受损害情况和经济数额的计算依据、证据等。

第五,专利侵权纠纷,需提供专利证书、被侵权的实物、书证,专利产品与侵权产品异同的具体说明,受损害情况和经济数额的计算依据、证据等。

第六,涉外经济合同纠纷,须提供:公司章程、商业、税务登记证件、发票、货物提单、装运单。所提供的证据材料,如港澳地区的,须经过公证;如外国的,须经过公证和我驻外使、领馆的认证。

37.追索赡养费、扶养费、抚育费案件的当事人应向人民法院提供哪些证据?

案例:

王某某(丧偶多年),有三个儿女,两年前因为王某某的再婚问题引起三个儿女不满,这期间三个儿女并没有来探望过王某某,更没有支付过赡养费。王某某无奈以三个儿女为被告,向法院提起了诉讼。问:追索赡养费、扶养费、抚育费案件的当事人应向人民法院提供哪些证据?

专家解析：

追索赡养费、扶养费、抚育费案件的特点是双方当事人之间的权利义务关系是基于婚姻、血缘或收养这一社会关系而产生的。因此证明原告人与被告人之间存在着婚姻关系、血缘关系、收养关系等社会关系，以及被告人履行义务的能力，就成为这类案件的主要证明对象。

专家支招：

追索赡养费、扶养费、抚育费案件的原告，一般是丧失劳动能力的老人、生活困难的妇女、残疾人和未成年的儿童。他们起诉的目的，是要求被告履行应尽的义务。当事人应当向人民法院提供如下证据：(1)提供结婚证书、户口簿、收养关系证书或者字据等说明原、被告之间存在着婚姻关系、直系血缘关系、收养关系或其他社会关系的证据材料。(2)原告人应提供本人经济生活状况和需要赡养、扶养、抚育理由的证据材料。(3)提供被告不履行赡养、扶养、抚育义务的事实和原因的证据材料。(4)提供被告现实经济状况，说明他给付原告生活费用和提供劳务的可能性。(5)提供其他与本案有关的证据。

38.继承纠纷案件应如何举证？

案例：

赵某系一退休干部，老伴去世多年，赵某与长子共同生活，共同生活期间老人积攒了20万元存款，其长子对赵某非常孝顺，而次子却对赵某不闻不问，也不去探望老人，在赵某患重病期间，长子与儿媳也尽心照顾赵某，使赵某非常感动，在其病危期间立下遗嘱，其所有的20万元存款由长子一人继承。后赵某次子将赵某长子诉至法庭,要求与其哥哥共同继承赵某的 20 万元存款。问:继承纠纷案件应如何举证?

专家解析:

根据《民事诉讼法》第 64 条第 1 款"当事人对自己提出的主张有责任提供证据"的规定,原告在起诉或被告在应诉时应向法院提交必要的证据或证据线索,以证明自己的主张或反驳主张。否则其主张有可能得不到法院的支持,将承担败诉的后果。

专家支招:

继承纠纷案件的原被告应该向法院提供的主要证据:

(1)证明当事人(原、被告及第三人)诉讼主体资格的证据。①证明当事人是合法继承人的,应提交结婚证、户口本、身份证或公安机关、村委会、居委会等有关部门出具的证明。②当事人为无行为能力、限制行为能力或精神病人的,还应提交监护人的身份证明资料,如身份证或户口本。

(2)证明法定继承或遗嘱继承法律关系成立的证据。

第一方面,证明法定继承法律关系成立的证据。①被继承人死亡证明书。②证明是被继承人养子女的,应提交收养关系证明书。③证明是继承人以外的依靠被继承人扶养的缺乏劳动能力又没有生活来源的人的,或证明是继承人以外的对被承人扶养较多的人的,应提交居委会、村委会或被继承人单位出具的相关证明。④被继承人的其他法定继承人也应当作为共同原告参加诉讼。其他法定继承人已死亡或者放弃继承权利的,应当提供相应证明。

第二方面,遗嘱继承的,除应提交被继承人死亡证明书外,应提出如下证据:①公证遗嘱的,应提交公证机关的公证书。②代书遗嘱的,应提交代书遗嘱书并提供两个以上无利害关系的在场见证人。③自书遗嘱的,应提交由遗嘱人亲笔书写、签名并注明年月日的自书遗书。④以录音形式立遗嘱的,除提供有关录音带外,应提供两个以上无利害关系在场见证人。⑤口头遗嘱的,应提供两个以上无利害关系在场见证人。

(3)证明被继承人财产范围的证据。①证明有房产的,应提交房产证或购房合同、交款发票或出资证明。②证明有银行存款并申请法院调查的,应提交银行账号;证明有股票并申请法院调查的,应提交股东代码、资金账号;证明有车辆的,应提交行驶证、车牌号。③证明被继承人在公司拥有股权的,应提交该公司的工商登记情况、出资的证明等。④证明被继承人有债权债务的,除提交借据以外,必须有相关的证据佐证。

(4)有具体的诉讼请求金额的,应提交诉讼请求金额的计算清单。

39.离婚案件应该如何举证?

案例:

纪某(女)与赵某(男)结婚多年,共同养育一女儿,婚后二人感情一直不好,后来纪某发现赵某与钱某某的婚外恋情,遂向法院提起离婚诉讼。问:离婚案件应该如何举证?

专家解析:

《民事诉讼法》第64条规定:"当事人对自己提出的主张,有责任提供证据。"离婚案件涉及夫妻感情是否确已破裂、子女抚养以及财产分割等诸多方面,但依据"谁主张、谁举证"的诉讼原则,当事人一方不能在举证期限内出具对自己有利的证据,往往要承担不利的后果,或诉讼请求得不到法院的支持。

专家支招：

离婚案件主要向法院提供如下证据：

(1)当事人自然情况的证据：①户口本、居民身份证、结婚登记书、复婚证；②离婚证、人民法院判决书、调解书；③劳改、劳教单位的证明信；④有代理人的，其代理人身份的证明和代理事项、权限、期限、形式的委托书。

(2)当事人婚姻基础方面的证据：①婚前相识、相恋经过的自述及介绍人的证言；②有关物品、信件；③包办、买卖婚姻的证人证言；④婚后情况自述、邻居证言。

(3)证明感情破裂无和好可能的证据：①草率结婚的自述及有关知情人证言、婚后仍无感情的陈述；②一方或双方有虐待对方亲属的事例，有关人员的证言；③证明一方骗婚的证据；④包办、买卖婚姻的事实、证言，物证；⑤人民法院对一方的重婚认定法律文书，通奸、赌博、酗酒的证明，一方被判长期徒刑的判决书；⑥公安机关对一方失踪的证明，人民法院对一方失踪的判决书；⑦县以上医疗单位出具的患有法律禁止结婚的疾病的诊断书；⑧婚后分居的证明；⑨其他证明感情破裂的证据。

(4)证明离婚财产的证据：①双方各自财产的来源证据，财产取得时有关证人证言；②共同生活期间取得财产的证据；③子女各自财产的证明；④房屋产权的证明、合资建房的证据、证人证言；⑤个人债务及家庭债务的证据。

(5)证明子女抚养能力的证据：①双方的经济收入证明；②双方教育水平的证明和生活环境优劣的证明；③确定抚养费的参考材料。

(6)女方怀孕期间或分娩后一年内男方起诉离婚应具备以下证据：

①通奸怀孕;②淫乱或卖淫怀孕;③非法与他人姘居或重婚怀孕;④分娩后一年内下落不明的证明。

(7)对判决不准离婚或调解和好的,原告在 6 个月内又起诉离婚的必须具备下列证据:①被告患有精神病且无法治愈的医院证明;②被告因犯罪被判刑的判决书;③被告与他人通奸或淫乱、卖淫,由公安机关出具的证明或有关人员的证言、被告的陈述。

40.什么情况下可以申请证据保全?

案例:

林某某是姜某与詹某人身损害赔偿案的重要证人,再有半个月林某某就要出国定居,而案件还在举证期限内,没有开庭,姜某认为如果开庭时林某某出国了,该证据以后就难以取得,所以决定向法院申请证据保全。问:什么情况下可以申请证据保全?申请证据保全要注意什么?

专家解析:

《民事诉讼法》第 81 条规定:"在证据可能灭失或者以后难以取得的情况下,当事人可以在诉讼过程中向人民法院申请保全证据,人民法院也可以主动采取保全措施。因情况紧急,在证据可能灭失或者以后难以取得的情况下,利害关系人可以在提起诉讼或者申请仲裁前向证据所在地、被申请人住所地或者对案件有管辖权的人民法院申请保全证据。"

证据保全是指在证据可能灭失或者以后难以取得的情况下,诉讼参加人可以向人民法院申请保全证据,人民法院也可以主动采取保全措施。人民法院采取证据保全措施,必须具备两个条件:第一,保全的证据必须与案件有关联,即该证据能够作为证明双方当事人之间民事法律关系发生、变更或消灭的根据。第二,证据确有灭失的危险或以后难以取得的可能。证据只要具备如下条件,申请人或诉讼参与人即可申请法院采取证据保全措施,法院也可以主动进行证据保全。

(1)证据有灭失的可能。如证人因衰老、疾病有死亡的可能,将来作为证据的物品容易腐坏、变质等。

(2)证据将来有难以取得的可能。例如,证人将要出国。虽然难以取得不等于无法取得,但会影响案件的及时处理,甚至影响办案的质量,因此应当及时保全。

(3)证据的保全应在开庭前进行。"不得迟于举证期限届满前7日。"因此,证据保全也应在开庭前完成。如果是属于在庭审期间新发现的证据,可以直接向人民法院提供或由人民法院收集,没有必要进行证据保全。

上述情况,只要具备其中之一,就可采取保全措施。诸如证人证言、物证、书证等都可能成为保全的对象。

专家支招:

当事人及其诉讼代理人申请证据保全,应当向受理案件的人民法院提出书面申请。法院对该申请书的内容进行审查,并作出是否采取证据保全的决定。法院也可依职权主动采取保全措施。证据保全,不仅可以在起诉时或法院受理诉讼后、开庭审理前采取,而且也可以在起诉前采取。在前一种情况下,法院既可以根据申请人的申请采取,也可以在认为必要时,依职权主动采取。在后一种情况下,申请人既可以向有管辖权的法院提出,也可以向被保全证据所在地的公证机关提出。但此时,无论是法院,还是公证机关,都只能根据申请人的申请采取保全措施,不能依职权主动采取证据保全措施。

证据保全申请,如果是向法院提出的,应当提交书面申请状,该申请状应当载明:(1)当事人及其基本情况;(2)申请保全证据的具体内容、范围、所在地点;(3)请求保全的证据能够证明的对象;(4)申请的理由,包括证据可能灭失或者以后难以取得,且当事人及其诉讼代理人因客观原因不能自行收集的具体说明。

如果是向公证机关提出,应当提交公证申请表。该公证申请表应当包括以下内容:(1)申请证据保全的目的和理由;(2)申请证据保全的种类、名称地点和现存状况;(3)证据保全的方式;(4)其他应当说明的内容。

保全证据的范围,应当限于申请人申请的范围。申请人申请诉前保全证据可能涉及被申请人财产损失的,人民法院可以责令申请人提供相应的担保。

法院收到申请后,如果认为符合采取证据保全措施条件的,应裁定采取证据保全措施,如果认为不符合条件的,应裁定驳回。申请人在人民法院采取保全证据的措施后 15 日内不起诉的,人民法院应当解除裁定采取的措施。

人民法院可根据不同的证据,采取不同的保全措施。对书证的保全,可采取拍照、复制的方法;保全物证,可由法院进行勘验、制作勘验笔录、绘图、拍照、录像或保存原物;对证人证言的保全,可采用证人自书的方式;书面证言,可由审判人员制作调查询问笔录,也可以用录音方法保全。申请证据保全,不得迟于举证期限届满前 7 日,并且要按法院的要求提供相应的担保。在特殊情况下,也可以依法采取诉前保全措施。

证据保全的方法。人民法院进行证据保全可以根据具体情况采取查封、扣押、拍照、录音、录像、复制、鉴定、勘验制作笔录等方法。

41.民事诉讼中，如何进行质证?

案例：

林某与张某(林某父亲林某某的保姆)继承纠纷一案开庭审理，张某在法庭上出示了一份林某某生前所立的遗嘱，遗嘱内容是将自己的全部财产遗赠给保姆张某。林某对于这份证据的真实性提出疑义。问：民事诉讼中，如何进行质证?

专家解析：

《最高人民法院关于民事诉讼证据的若干规定》第 47 条规定："证据应当在法庭出示，由当事人质证。未经质证的证据，不能作为认定案件事实的依据。"第 50 规定，质证就是由当事人围绕证据的真实性、关联性、合法性，针对证据证明力有无以及证明力大小进行质疑、说明与辩驳。

质证的内容是指体现某一证据是否具备证明力以及证明力大小。因而质证应当围绕着证据的三个基本属性展开。(1)证据的客观性。强调证据必须是客观存在的事实，任何主观的东西如臆想、猜测、推断、假设都不能成为证据。(2)证据的关联性。一切倾向于证明待证事实可能存在或可能不存在的证据均为相关证据，否则不具有关联性。(3)证据的合法性。指证据的收集方法和程序以及证据形式必须符合法律的有关规定。具体来说,证据形式必须是民事诉讼法规定的形式,证据材料的来源、收集的程序和方法合法。

专家支招:

民事诉讼中的质证要做到以下几点:

(1)对书证、物证、视听材料质证。首先看这些证据是否为原件或原物,如果不是原件或原物,但有证据证明复制件、复制品与原件原物一致的亦可;如果不是原件或原物,而是经人民法院准许出示的复制件或者复制品,也可以作为有效证据使用。

(2)对证人证言的质证。①看证人是否能正确表达意志。因为作证的证人必须是能正确表达自己意志的人,否则就不能作证。②证人出庭是否在举证期限届满前 10 日提出,并是否经人民法院准许,对于未在法定期限提出,未经人民法院准许的证人则不能出庭作证。③证人出庭应该接受当事人的质证,但当事人对证人的发问不得使用威胁、侮辱及不适当引导证人的言语和方式。证人作证时不得使用推测、推断或评论性的语言。④证人作证应当客观陈述其亲身感知的事实,证人为聋哑人的,可以其他表达方式作证。

(3)对鉴定结论的质证。主要是审查鉴定结论是否存在证据规则第27 条的 4 种情形:第一,鉴定机构或者鉴定人员不具备相关的鉴定资格的;第二,鉴定程序严重违法的;第三,鉴定结论明显依据不足的;第四, 经过质证认定不能作为证据使用的其他情形。对有缺陷的鉴定结论,可以通过补充鉴定、重新质证或者补充质证等方法解决的,不予重新鉴定。对于出现第 27 条情形之一的鉴定结论,当事人都有权申请重新鉴定、补充鉴定。

(4)形式真实原则。民事案件的事实与证据完全靠当事人主动提出,法庭在原则上不主动进行调查,法庭所认定的事实,以当事人在法庭上所提出和证明的为准,即使存在着某些对一方有利的事实,只要当事人不提出,法庭就当作不存在。所以法庭所认定的案件真相,被称为形式上的真实,这种真实可能与实际真实一致,也可能不一致,法庭不去查究,法官只根据摆在法官面前的事实与证据来进行裁判,当事人如果在事后再补充提出有利于自己的事实或证据,则有负担额外诉讼费用的义务。

42.民事诉讼中,哪些证据不能在法庭上公开质证?

案例:

陈女士起诉丈夫吴先生离婚一案,陈女士向法院提交了其夫吴先生因感染性病导致不育的证据。问:民事诉讼中,哪些证据不能在法庭上公开质证?

专家解析:

《民事诉讼法》第 68 条规定:"证据应当在法庭上出示,并由当事人互相质证。对涉及国家秘密、商业秘密和个人隐私的证据应当保密,需要在法庭出示的,不得在公开开庭时出示。"质证最重要的要求是在庭审中让当事人及有关证人、鉴定人、勘验人公开出庭对质。只有在这种情况下质证才有实质意义。

我国《民事诉讼法》规定人民法院审理民事案件,以公开审判为原则,以不公开审判为例外,因此,质证也要公开进行。但是对于涉及国家秘密、商业秘密和个人隐私的证据,或法律规定的其他应当保密的证据,需要在法庭上出示的,不得在开庭时公开质证。应当注意,并非只有在不公开审理的案件中的证据才存在不公开质证的情况，在公开审理的案件中，也存在不能公开的证据，对此类证据，也应该在开庭时不公开地进行质证。

专家支招：

不公开质证的证据包括：（1）涉及国家秘密的证据。所谓国家秘密是指，关系国家的安全和利益，依照法律规定，在一定时间内只限于一定范围的人员知悉的事项。（2）涉及商业秘密的证据。商业秘密指不为公众所知悉，能为权利人带来经济利益，具有实用性并经权利人采取保密措施的技术信息和经营信息。商业秘密的构成要件之一就是秘密性，因此，应当在诉讼中对此加以应有的保护。（3）涉及个人隐私的证据。个人隐私与当事人的声誉有关，如果在社会上得以扩散将给个人的名誉、人格等带来不良影响。证据所涉及的个人隐私必须是合法的，法律才能保护，才可以作为不公开质证的理由。本案中陈女士提供的证据，涉及其丈夫吴先生的个人隐私，因此不能公开质证。（4）法律规定的其他应当保密的证据，经当事人申请，法院审查确定后，也不能在开庭时公开质证。

43.民事诉讼中证人是否必须出庭作证？

案例：

沈某诉李某交通事故赔偿一案，张某某是重要的目击证人。在庭审过程中，张某某突发脑溢血入院，经抢救虽然保住生命，可是语言功能严重受损，不能清楚地进行语言表达。问：民事诉讼中证人是否必须出庭作证？

专家解析：

　　证人是指知晓案件事实并应当事人的要求和法院的传唤到法庭作证的人。《民事诉讼法》规定，证人包括单位和个人。《民事诉讼法》第 72 条规定：凡是知道案件情况的单位和个人，都有义务出庭作证。有关单位的负责人应当支持证人作证。不能正确表达意思的人，不能作证。《最高人民法院关于民事诉讼证据的若干规定》第 57 条规定，出庭作证的证人应当客观陈述其亲身感知的事实。证人为聋哑人的，可以其他表达方式作证。证人作证时，不得使用猜测、推断或者评论性的语言。

　　一方面，证人必须接受人民法院的传唤履行出庭作证的义务。另一方面，证人必须就自己所了解的案件事实做如实陈述。在证人作证前，人民法院应告知其应当如实作证，全面、客观地陈述自己所了解案件事实，告知其作虚伪陈述或故意作伪证应负的法律责任，促使证人自觉履行自己的义务，如实提供证言。

专家支招：

　　根据《最高人民法院关于民事诉讼证据的若干规定》第 53 条规定，不能正确表达意志的人不能作为证人。待证事实与其年龄、智力状况或者精神健康状况相适应的无民事行为能力人和限制民事行为能力人，可以作为证人。由此可见，证人的年龄和精神健康状况对于证言可信性的影响，并不影响其为证人的资格，其证言的可信性则要求在法庭审判活动中由法官综合判断。

　　《民事诉讼法》第 73 条规定：经人民法院通知，证人应当出庭作证。有下列情形之一的，经人民法院许可，可以通过书面证言、视听传输技术或者视听资料等方式作证：(一)因健康原因不能出庭的；(二)因路途遥远，交通不便不能出庭的；(三)因自然灾害等不可抗力不能出庭的；(四)其他有正当理由不能出庭的。

《最高人民法院关于民事诉讼证据的若干规定》中涉及证人出庭作证具体操作程序的规定有 3 条(分别是第 54 条第 1、2 款,第 55 条,第 58 条)。据此,我国民事诉讼中证人出庭作证的程序可以概括为以下四个方面:

(1)当事人申请证人出庭作证,应当在举证期限届满 10 日前提出,并经人民法院许可。(2)人民法院对当事人的申请进行审查,如果予以准许的,在开庭审理前通知证人出庭作证,并告知其应当承担如实作证及作伪证的法律后果。(3)证人出庭后、作证前,审判人员要告知其作证的权利和义务。(4)审判人员和当事人可以对证人进行询问。证人不得旁听法庭审理;询问证人时,其他证人不得在场。人民法院认为有必要的,可以让证人进行对质。

44.当事人在法庭上向证人、鉴定人、勘验人发问有什么要求?

案例:

石某对方某人身损害赔偿一案开庭审理时,于某某作为重要目击证人出庭,石某经过法庭许可向证人于某某发问,发问过程中,石某对于某某的回答不满, 便对于某某说:"我要让你为你所说的话付出代价!"于某某当时脸色苍白,支吾不语。问:当事人在法庭上向证人、鉴定人、勘验人发问有什么要求?

专家解析:

《民事诉讼法》第 139 条规定:"当事人经法庭许可,可以向证人、鉴定人、勘验人发问。"允许当事人向证人、鉴定人、勘验人发问增加了在庭审过程中当事人的参与性，也就增强了当事人对法院裁判的可接受性。但是，当事人在法庭上向证人、鉴定人、勘验人发问必须要注意方式。《最高人民法院关于民事诉讼证据的若干规定》规定，经法庭许可，当事人可以向证人、鉴定人、勘验人发问。询问证人、鉴定人、勘验人不得使用威胁、侮辱及不适当引导证人的言语和方式。

专家支招：

在质询对方申请出庭的证人时，首先要询问他与对方当事人以及他和本案处理结果有无存在利害关系，从而向法庭证明其是否可能存在的偏向。其次应该了解对方证人对客观事物的感知能力是否存在缺陷，比如听觉、视觉、记忆力等，精神状态是否正常，以证实对方证人在认知能力上是否存在缺陷，从而影响其提供的证据的真实性和可靠性。再次要询问证人在事件发生时的实际状况，如对目击证人询问是否在场、距离远近、当时的自然条件等。必要时可申请法庭让几位证人进行对质，以辨真伪。当事人也可以提出相反的证据揭露其证言的虚假。对鉴定人、勘验人的发问，应当针对鉴定、勘验的主体和内容进行。根据鉴定结论和勘验笔录与本方的利害关系，从不同角度，采用不同方法。

45.民事诉讼当事人可以在法庭上出示哪些新证据？

案例：

吴某向叶某借1万元钱，叶某通过银行将钱转入吴某账户，事后，吴某不承认该笔借款，叶某向法院提起诉讼，在举证期间向人民法院提供了银行汇款记录。在举证期限届满后，叶某发现吴某向自己借钱的时候，两个人的谈话内容被女儿用手机录制了下来。遂在一审开庭时向法院提供该录音证据。问：民事诉讼当事人可以在法庭上出示哪些新证据？

专家解析：

《民事诉讼法》第 139 条规定："当事人在法庭上可以提出新的证据。"但对什么是新的证据没有作出明确规定。根据《最高人民法院关于民事诉讼证据的若干规定》第 41 条、第 43 条、第 44 条规定，当事人可以在诉讼过程中提出新的证据具体包括：

（1）当事人在一审程序中提供新的证据的，应当在一审开庭前或者开庭审理时提出。一审程序中的新的证据包括：①当事人在一审举证期限届满后新发现的证据；这里的新发现包括两方面：一是之前客观上没有出现的，二是之前虽然出现，但在通常情况下当事人无法知道其已经出现。②当事人确因客观原因无法在举证期限内提供，经人民法院准许，在延长的期限内仍无法提供的证据。这里是指当事人在一审举证期限届满之前已经知道证据出现，但通常情况下，在举证期限届满之前无法完成举证责任，经申请延长举证期限并经人民法院准许，在延长期限内仍无法提供的证据，该证据若在一审举证期限届满后的庭审中提交应视为"新的证据"。

（2）当事人在二审程序中提供新的证据的，应当在二审开庭前或者开庭审理时提出；二审不需要开庭审理的，应当在人民法院指定的期限内提出。二审程序中的新的证据包括：①一审庭审结束后新发现的证据；该证据应在二审法院指定的举证期限届满前提交，最迟在庭审或法庭调查前提交，也视为新证据。②当事人在一审举证期限届满前申请人民法院调查取证未获准许，二审法院经审查认为应当准许并依当事人申请调取的证据。这种"新的证据"应具备以下条件：第一，当事人在一审举证期限届满前已经按规定申请人民法院调查取证；第二，一审法院没有准许当事人的申请;第三,二审法院经审查认为应当准许当事人在一审举证期限届满前已经按规定向人民法院提出的调查取证申请。

（3）当事人在再审程序中提供新的证据的,应当在申请再审时提出。新的证据是指原审庭审结束后新发现的证据。再审程序中的新证据是新发现的证据,这里的"新发现"包括:一是之前客观上没有出现的,二是之前虽然出现,但在通常情况下当事人无法知道其已经出现。当事人在原审程序中没有发现该证据,因而不可能提出该证据,而不是当事人知道存在该证据,但因无法收集而没有提出,更不是当事人持有该证据,但因各种原因而没有提出。未能充分认识其证据的重要性和关联性而未提交给法院。申诉人以新的证据申诉的,应在向法院提交申诉状时提出。经审查,如果该证据系申诉人原审中懈怠提供证据或故意隐匿证据直至申诉时才提供的,不应认定为审判监督程序中的"新的证据"。

专家支招:

本案中叶某提供的录音证据是在一审举证期限届满后新发现的证据,属于新证据,符合民事诉讼法律的相关规定,可以在法庭上出示。

46.民事诉讼的期间怎么计算?

案例:

张某某在打人身损害赔偿官司时一审败诉了,张某某一直想上诉,上诉期间张某某一直忙着找证据、收集材料、写上诉状,结果到法院递交上诉状时已经超过上诉期了。张某某要求法院宽限两天,法院不予理会。问:民事诉讼的期间怎么计算?

专家解析:

民事诉讼中的期间,是指人民法院、当事人和其他诉讼参与人进行诉讼行为的期限和期日。通俗地讲就是当事人参加诉讼活动必须要遵守的时间限制,该什么时候进行什么活动,不能耽误。如果由于当事人的主观原因耽误了。一切后果只能由其自己负责。诉讼期间分法定期间和人民法院指定的期间两种。也就是说,期间一部分由法律直接进行明确的规定。一般情况下不得改变,不由当事人协商。比如:立案期间、上诉期间、申请执行的期间等。指定期间可以变更,法院可以根据实际情况延长或缩短。比如:法院规定当事人在某日内提交诉讼材料,确定某日开庭等。如果在指定期间内,出现了新情况,完成某种诉讼行为确有困难,法院可依当事人申请对原定期间予以变更。指定期间虽然属于可变期间,但一般而言,指定期间一经确定,不宜随意变动。

专家支招:

《民事诉讼法》第82条规定:"期间包括法定期间和人民法院指定的期间。期间以时、日、月、年计算。期间开始的时和日,不计算在期间内。期间届满的最后一日是节假日的,以节假日后的第一日为期间届满的日期。期间不包括在途时间,诉讼文书在期满前交邮的,不算过期。"第83条规定:"当事人因不可抗拒的事由或者其他正当理由耽误期限的,在障碍消除后的10日内,可以申请顺延期限,是否准许,由人民法院决定。"

(1)期间以时、日、月、年计算,其开始的时和日,不计算在期间内。例如:本案当事人在接到一审判决的15日内有权提起上诉,这里,接到判决书的当天不计算在15天内,而是从接到判决书的第二天起算。

(2)期间以月、年计算的,期间届满日期为届满月或年相对应的日。如果届满没有相对应的日时,届满月的最后一天即为期间届满日。例如:法院于 11 月 30 日发出公告,宣布公告 3 个月即发生法律效力,这里期间届满日期应是次年的 2 月 30 日,但 2 月份只有 28 天,因此,期间届满日只能是 2 月 28 日。

(3)如果期间的最后一天是节假日,以节假日后的第一天为期间届满日。这里所说"节假日"是指国家统一规定的节假日,比如:星期六、星期日、国际劳动节、国庆节、春节等。但像妇女节、教师节专为某一类人规定的节假日或某些民间节日,则不包括在内。

(4)期间不包括在途时间,诉讼文书在期满前交邮的不算过期。比如:当事人是在 9 月 16 日收到的判决书,那么,他只要在 10 月 8 日前将上诉状交邮即可,因为从当事人收到判决第二日起算,15 日上诉期届满本应是到 10 月 1 日,但国庆节是法定节假日,国庆节后的第一个工作日是 10 月 8 日,那么,10 月 8 日就应该是法定届满期间,只要在此前交邮,不论法院在几天后收到,都视为在上诉期内提出了上诉。

(5)在实际生活中,有的当事人耽误了期间并非是由于主观原因,而是发生了无法避免和克服的客观事由。比如:突然发生了地震、水灾,或者当事人突患重病、遭遇车祸等,遇到这种情况,当事人可以向法院提出顺延期限的申请,申请必须在障碍消除后 10 日内提出,顺延申请是否准许,由法院决定。如果法院经审查认为,期限的耽误并无正当理由,可驳回该申请。

作为民事诉讼的当事人一定要看清楚传票上的期日,期日就是指人民法院、当事人和其他诉讼参与人会合进行某项诉讼活动所必须遵守的日期和时间,法院确定的期日当事人必须遵守。但如果遇到无法避免或克服的情况,比如:突患重病等,不能准时应诉,可以向法院提出申请,法院经审查核实,一般会同意变更期日。但如果未能准时到庭应诉,理由是看错了开庭日期或没有准备好诉讼材料。那么,法院就可以按照有关法律规定按撤诉处理或缺席判决。

47.民事诉讼调解应当遵循哪些原则?

案例:

　　某市 A 县丁造纸厂排放的废水污染了某县甲、乙、丙 3 个村共有的水库,受损达 30 万元。3 个村联合向人民法院起诉要求赔偿。经过人民法院调解,A 县丁造纸厂同意赔偿索赔金额的 50%,甲、乙表示同意,遂与 A 县丁造纸厂达成调解书。调解书送达丙村时,丙村拒收,并声明当天调解他们不在场,甲、乙两村事先未征询他们的意见,因此仍要求按照原诉讼请求赔偿。问:民事诉讼调解应当遵循哪些原则?

专家解析:

　　根据《民事诉讼法》第 93 条规定:"人民法院审理民事案件,根据当事人自愿的原则,在事实清楚的基础上,分清是非,进行调解。"第 94 条规定:"人民法院进行调解,可以由审判员一人主持,也可以由合议庭主持,并尽可能就地进行。"第 96 条规定:"调解达成协议,必须双方自愿,不得强迫。调解协议的内容不得违反法律规定。"人民法院进行调解,可以用简便方式通知当事人、证人到庭法院适用调解方式审理民事案件时,应当遵守以下三个原则:

　　(1)自愿原则。自愿原则,是指人民法院以调解方式解决纠纷时,必须在当事人自愿的基础上进行,包括调解活动的进行和调解协议的达成,都必须以当事人自愿为前提。①程序上的自愿,是指是否以调解的方式来解决当事人之间的争议,取决于当事人的意愿,人民法院不能未经当事人同意自行依职权调解或强迫当事人接受调解。具体表现为当事人向人民法院提出调解的申请或由审判人员征得当事人同意而进入调解程序;②实体上的自愿,是指经过调解所达成的调解协议的内容必须是双方当事人真实的意思表示。可以是当事人协商后形成的协议,也可以是法院提供解决方案并经当事人同意的协议。

(2)查明事实、分清是非原则。查明事实、分清是非原则,是指人民法院对民事案件进行调解,应当是在事实清楚、是非分明的基础上进行。查明事实、分清是非,既是对人民法院行使审判权进行调解的一种制度要求,也是调解成败的关键。

(3)合法原则。合法原则,是指人民法院进行调解必须依法进行,调解的过程和达成的调解协议的内容,应当符合法律的规定。①程序上的合法,是指人民法院的调解活动应当严格按照法律规定的程序进行,包括调解的开始、调解的方式、步骤、调解的组织形式、调解协议的形成以及调解书的送达等,都要符合民事诉讼法的规定。②实体上的合法,是指经调解达成协议的内容合法。调解协议内容的合法性,应当理解为调解协议的内容只要不违反法律、法规的规定,不损害国家、社会和他人的合法权益,即为合法。这就是说,调解协议内容的合法性,并不是以严格适用实体法的规定为要件, 这 点与判决内容的合法性的要求有所不同。

专家支招:

本案中,甲、乙、丙村与 A 县丁造纸厂的诉讼为必要共同诉讼,甲乙在没有征得丙同意的情况下,与造纸厂达成调解协议,违反了调解的自愿合法原则,因此没有法律效力。

48.民事诉讼中的民事调解书具有什么效力?

案例:

　　高某诉刘某离婚,法院依法适用了简易程序审理了此案,因双方有一个提前写好的调解协议,所以在审判员主持下很快便达成如下协议:(1)原告高某要求离婚,被告刘某同意,准予离婚。(2)婚后债务由原告高某承担。诉讼费由刘某承担。高某、刘某分别在调解笔录上签字。4月5日,法庭按照双方达成的协议制作了民事调解书,调解书结尾还注明了"双方当事人已在调解协议上签字,本调解书已具有法律效力"。4月10日,委托他人代替双方领取了调解书,并在送达回证上签名。4月12日,高某来到法庭以刘某前日拉走了家中所有的电器,欺骗自己离婚,自己也没有亲自领取调解书等为由反悔,不接受调解书的内容而要求撤诉。问:民事诉讼中的民事调解书具有什么效力?

专家解析:

　　《民事诉讼法》第96条规定:"调解达成协议,必须双方自愿,不得强迫。调解协议的内容不得违反法律规定。"第97条规定:"调解达成协议,人民法院应当制作调解书。调解书应当写明诉讼请求、案件的事实和调解结果。调解书由审判人员、书记员署名,加盖人民法院印章,送达双方当事人。调解书经双方当事人签收后,即具有法律效力。"第98条规定:"下列案件调解达成协议,人民法院可以不制作调解书:(一)调解和好的离婚案件;(二)调解维持收养关系的案件;(三)能够即时履行的案件;(四)其他不需要制作调解书的案件。对不需要制作调解书的协议,应当记入笔录,由双方当事人、审判人员、书记员签名或者盖章后,即具有法律效力。"第 99 条规定:"调解未达成协议或者调解书送达前一方反悔的,人民法院应当及时判决。"

专家支招:

本案中虽然调解书已制作,也在调解书结尾注明了"双方当事人已在调解协议上签字,本调解书已具有法律效力"的用语,但该调解书没有直接送达高某、刘某,调解书结尾的用语违反了《民事诉讼法》的规定,所以当高某签收时反悔,法院应当允许,后高某作为原告申请撤回离婚起诉,符合法律有关规定,法院应准予撤诉。

49.民事诉讼当事人如何申请财产保全?

案例:

王经理是做水产生意的,某水产公司欠了王经理 30 万元货款,王经理向法院起诉后,在案件审理过程中,王经理发现水产公司试图转移、藏匿财产,存心赖账。问:民事诉讼当事人如何申请财产保全? 王经理该如何维护自己的合法权益?

专家解析:

《民事诉讼法》第 100 条规定:"人民法院对于可能因当事人一方的行为或者其他原因,使判决难以执行或者造成当事人其他损害的案件,根据对方当事人的申请,可以裁定对其财产进行保全、责令其作出一定行为或者禁止其作出一定行为;当事人没有提出申请的,人民法院在必要时也可以裁定采取保全措施。人民法院采取保全措施,可以责令申请人提供担保,申请人不提供担保的,裁定驳回申请。人民法院接受申请后,对情况紧急的,必须在 48 小时内作出裁定;裁定采取保全措施的,应当立即开始执行。"

诉讼中财产保全,是指人民法院在受理案件之后、作出判决之前,对当事人的财产或者争执标的物采取限制当事人处分的强制措施。并不是所有的案件都需要财产保全,申请财产保全应符合如下条件:(1)申请财产保全的案件应属给付之诉。(2)财产保全应具有法定的事实根据和事由。(3)法院责令申请人提供担保的,申请人必须提供担保,否则,法院将驳回其申请。在审判实践中,不乏这样的例子:申请财产保全的当事人最后是败诉方,他的申请是错误的,这时候,申请人应该赔偿被申请人因财产保全所遭受的损失。由此可见,申请财产保全一定要慎重考虑,妥善行事,否则,要为此付出代价。

专家支招:

民事案件从人民法院受理到作出生效判决需要经过几个月甚至更长的时间。法院判决生效后,如果债务人不履行义务,债权人申请强制执行又需要一段时间。在这一过程中,如果债务人隐匿、转移或者挥霍争议中的财产或者以后用于执行的财产而得不到制止,不仅会激化当事人双方的矛盾,而且可能会使生效的判决不能得到执行。本案中王经理为了保护自己的合法权益可以向法院申请财产保全。

50.如何申请交通事故的诉前财产保全?

案例:

丁某驾驶小型普通客车在路上行驶时与骑自行车的康某相撞,致其倒地受伤,而后,丁某将受害人康某送往医院救治,经抢救无效康某死亡。市公安局交通警察支队某大队作出道路交通事故认定书,认定丁某负此次事故的全部责任,康某无事故责任。受害人家属与肇事人因赔偿数额差距较大,无法达成调解协议。问:如何申请交通事故的诉前财产保全?

专家解析:

《民事诉讼法》第 101 条规定:"利害关系人因情况紧急,不立即申请保全将会使其合法权益受到难以弥补的损害的,可以在提起诉讼或者申请仲裁前向被保全财产所在地、被申请人住所地或者对案件有管辖权的人民法院申请采取保全措施。申请人应当提供担保,不提供担保的,裁定驳回申请。人民法院接受申请后,必须在 48 小时内作出裁定;裁定采取保全措施的,应当立即开始执行。申请人在人民法院采取保全措施后 30 内不依法提起诉讼或者申请仲裁的, 人民法院应当解除保全。"

在紧急情况下,利害关系人不立即申请财产保全,将会使自己的合法权益受到难以弥补的损害, 在起诉前向法院申请采取财产保全的措施,叫做诉前财产保全。但是需要注意的是:申请诉前财产保全必须提供担保,并且要在法院采取保全措施的 30 日内起诉,过期不起诉的或者申请仲裁的,法院应当解除财产保全。因财产保全而给被申请人造成的损失,由申请人予以赔偿。申请财产保全当事人应该提出书面申请,并按照一定比例缴纳申请费用。法院认为需要提供担保的,申请人提供的担保数额应与保全的财产数额相等。人民法院接受申请后,作出财产保全的裁定;情况紧急的,必须在 48 小时内作出裁定。裁定采取财产保全措施的,应该立即开始执行。如果被申请人提供担保的,法院应当解除财产保全。

专家支招:

一般情况下,发生重大交通事故之后,出于收集证据的需要,交通队会扣留事故车辆。但是根据《道路交通事故处理规定》的规定:检验、鉴定结论确定之日起 5 日内,公安机关交通管理部门应当通知当事人领取扣留的事故车辆、机动车行驶证以及扣押的物品。所以,被害人一方应当在交警部门作出了交通事故责任认定但是还没有通知当事人领取事故车辆的时候,及时向法院申请诉前财产保全,要求人民法院扣留事故车辆。

诉前财产保全要向事故车辆扣留地的法院提出。向法院申请诉前保全需要以下材料:(1)诉前财产保全申请书;(2)申请人身份证明,申请人不是受害人的要附加申请人与受害人的关系证明;(3)被申请人的身份证明;(4)事故车辆的权属证明;(5)等值的担保,如果是以他人的财产作为担保要有他人写的担保书。

51.民事诉讼中申请撤诉的条件是什么?

案例:

原告刘某花以自己的儿子强某为被告,向法院提起了追索赡养费的诉讼,原告起诉后,强某认识到自己的母亲生活孤苦,所以主动向母亲认错,并将母亲接到自己家中共同生活。原告向法院申请撤诉。问:民事诉讼中申请撤诉的条件是什么?

专家解析:

《民事诉讼法》第 143 条规定:"原告经传票传唤,无正当理由拒不到庭的,或者未经法庭许可中途退庭的,可以按撤诉处理;被告反诉的,可以缺席判决。"第145条规定:"宣判前,原告申请撤诉的,是否准许,由人民法院裁定。"撤诉,就是原告在起诉后,按照法律规定的程序,自动撤回自己的起诉,不再要求人民法院对他同被告之间的民事争议作出裁判。撤诉在第一审程序和第二审程序中都可能发生。在第一审程序中有原告的撤回起诉,在第二审程序中有上诉人的撤回上诉。申请撤诉,即原告在法院立案受理后,进行宣判前,以书面或口头形式向人民法院提出撤回其起诉的要求。申请撤诉的条件是:

(1)申请人必须是原告、上诉人及其法定代理人,经原告特别授权的诉讼代理人也可以提出撤诉申请;有独立请求权的第三人也可以提出撤诉申请。但有独立请求权的第三人申请撤诉不影响原告和被告之间本诉的进行。

(2)撤诉必须是原告自愿。申请撤诉是原告处分自己实体权利和诉讼权利的行为,除非原告有明确的意思表示,任何人不得强迫原告申请撤诉,审判人员也不得以任何借口,动员原告申请撤诉。

(3)撤诉必须合法。申请撤诉的时间必须是在法院受理案件之后,宣告判决之前;申请撤诉的人必须是有申请撤诉权的人;申请撤诉在实体上不得有规避法律的行为,不得违反现行法律、法规的规定,不得有损于国家、集体和他人的利益。

(4)撤诉必须由人民法院作出裁定。当事人行使处分权,必须在法律许可的范围内。原告申请撤诉,人民法院应当依法进行审查,申请符合条件的,裁定准许撤诉,案件审理终结;申请不符合条件的,裁定驳回申请,案件继续审理。不论是否准许撤诉,都必须以裁定的方式告知当事人。此外,最高人民法院《民诉意见》明确规定,有独立请求权的第三人参加诉讼后,原告申请撤诉,人民法院依法准许原告撤诉后,有独立请求权的第三人作为另案原告,原案原告、被告作为另案被告,诉讼另行进行。当事人申请撤诉的案件,如果当事人有违法行为需要依法处理的,法院可不准撤诉。

专家支招:

原告撤诉,必须向受诉法院提出申请。申请可以是书面申请,也可以是口头申请。对于口头申请,人民法院应记入庭审笔录,并由原告签名或盖章。这是人民法院作出是否准许撤诉裁定的根据。撤诉申请必须在诉讼程序开始之后,人民法院宣告判决之前提出。从起诉到法院宣判之前这段时间,原告可以随时申请撤诉,而法院的判决一经公开宣告,就丧失了申请撤诉的权利。法院宣判后,只有通过法定程序才能改变判决。这时,不能再申请撤诉。原告提出撤诉申请后,并不立即产生终结诉讼的效力。人民法院必须对撤诉内容进行审查。审查的内容是看原告撤诉是否合法,并作出是否准许撤诉的裁定。撤诉是原告对诉讼权利和实体权利的处分,但是否准许撤诉,决定权在人民法院。

52.民事诉讼中人民法院在什么情况下裁定按撤诉处理?

案例:

张某与李某某在一起赌博,张某赢了李某某2000元钱,李某某给张某打了一张借条。事后,李某某拒不还款,张某向法院提起了民事诉讼。可是案件还没有开庭审理,张某就听说赌博违法,因此害怕被追究法律责任便不敢出庭,法院传票传唤其出庭,张某也拒不出庭。问:民事诉讼中人民法院在什么情况下裁定按撤诉处理?

专家解析:

在民事诉讼过程中,原告虽然没有提出撤诉的申请,但其在诉讼中的一定行为已经表明其不愿意继续进行民事诉讼,因而法院决定注销案件不再进行审理的行为。这个程序,在法律上称为按撤诉处理。按撤诉处理的法律效果与申请撤诉的法律效果完全相同。人民法院裁定按撤诉处理的情形有:(1)原告或上诉人未按期交纳诉讼费用。(2)原告经传票传唤,无正当理由拒不到庭。(3)原告未经法庭许可中途退庭。(4)原告应预交而未预交案件受理费,人民法院应当通知其预交,通知后仍不交纳,或申请缓、减、免未获人民法院批准仍不交纳诉讼费用的,按撤诉处理。(5)无民事行为能力的原告的法定代理人,经法院传票传唤无正当理由拒不到庭的,可按撤诉处理。(6)有独立请求权的第三人经法院传票传唤,无正当理由拒不到庭的,或未经法庭许可中途退庭的,可按撤诉处理;无独立请求权的第三人,无正当理由拒不到庭的,或未经法庭许可中途退庭的,不影响案件的审理;依法可以按撤诉处理的案件,如果当事人有违法行为需要依法处理的,法院可以不按撤诉处理。

专家支招:

本案的原告张某经法院传票传唤,拒不出庭,法院可以裁定按撤诉处理。《最高人民法院关于适用〈中华人民共和国民事诉讼法〉若干问题的意见》第144条规定,当事人撤诉或人民法院按撤诉处理后,当事人以同一诉讼请求再次起诉的,人民法院应予受理。一审的时候撤诉,意味着诉讼程序的完结,不管是主动撤诉还是法院按撤诉处理,都仅仅是对诉权的一个处理,尚未涉及实体权利。因此一审时撤诉或者按撤诉处理后,再次以同样理由起诉保护实体权利的人民法院应当受理。

53.什么情况下适用先予执行?

案例:

李某某在骑电动车的时候将冯某腿部撞断,为了不错过最佳手术时机,冯某要求李某某支付3万元的手术费用,李某某认为自己不应该负全责,拒绝支付,冯某无奈向法院提起诉讼,并向法院提出这些费用如等到判决生效再给付,就会贻误治疗时机。问:什么情况下适用先予执行?

专家解析:

一般情况下,民事官司的执行以生效的判决为依据,需要等到判决生效后进行,但对于某些原告来说,等到判决生效后才执行,他们的生活将难以维持,他们的生产或经营就会受到严重影响。为此,法律设立了先予执行制度。所谓先予执行,就是指人民法院在审理民事案件的过程中,因当事人一方生产或生活上的迫切需要,根据其申请,在作出判决前,裁定一方当事人给付另一方当事人一定的财物,或者立即实施或停止某种行为,并立即执行的措施。适用先予执行限于给付之诉,但不是所有给付之诉都可以适用先予执行。

根据《民事诉讼法》第107条的规定,人民法院裁定先予执行的,应当符合下列条件:(1)当事人提出申请。先予执行是因为当事人一方生产、生活急需而采取的措施,而是否急需,只有当事人体会最深。所以只有在当事人提出申请的情况下,人民法院才能裁定先予执行。(2)当事人之间权利义务关系明确, 不先予执行将严重影响申请人的生活或者生产经营。裁定先予执行,实际上是在判决确定前,实现未来判决确认的部分实体权利。因此,裁定先予执行必须以当事人之间权利义务关系明确为前提。"权利义务关系明确"是指在民事法律关系中,谁是享有权利的一方,谁是负担义务的一方,以及各自享有什么样的权利、负担什么样的义务都是明确的。所谓"严重影响",是指申请人难以甚至无法维持基本的生产、生活需要,如果对申请人没有产生这种影响,不能采取先予执行的措施。(3)被申请人有履行能力。如果被申请人没有履行义务的可能,比如被申请人要破产了,或者被申请人身无分文,又无任何有价值的财物,不能裁定先予执行。

人民法院可以责令申请人提供担保,申请人不提供担保的,驳回申请。申请人败诉的,应当赔偿被申请人因先予执行遭受的财产损失。

专家支招:

根据《民事诉讼法》第 106 条规定,人民法院对下列案件,根据当事人的申请,可以裁定先予执行:(1)追索赡养费、扶养费、抚育费、抚恤金、医疗费用的;申请人大多是由被申请人供养的,往往依靠被申请人给付生活费或者支付医疗费用,在人民法院判决之前,如不先予执行,申请人会陷入困境。(2)追索劳动报酬的;属于申请人付出劳动报酬,如应得的工资、劳务报酬等,申请人是依靠劳动收入维持生活和供养家属的,不及时给付也会影响申请人及其供养家属的生活需要。(3)因情况紧急需要先予执行的。主要是案件的诉讼请求涉及申请人(公民、法人或其他组织)生产经营上的紧急需要,如拖延到人民法院对案件判决以后给付,势必严重影响申请人的生产经营,造成更大的损失。

《民诉意见》第 107 条规定,下列案件属于情况紧急案件:①需要立即停止侵害,排除妨碍的;②需要立即制止某项行为的;③需要立即返还用于购置生产原料、生产工具货款的;④追索恢复生产、经营急需的保险理赔费的。本案中冯某的情况就属于因情况紧急需要先予执行的,原告冯某可以向法院申请先予执行。

54.对妨碍民事诉讼的哪些行为可以采取 强制措施?

案例:

某区法院开庭审理周某诉李某宅基地纠纷一案。庭审过程中,李某大吵大闹,审判长对其进行严厉的批评,指出违反法庭秩序的行为属于违法行为,如果再犯将令其退出法庭。庭审结束后,书记员让有关诉讼参与人阅读庭审笔录。李某将庭审笔录撕碎,摔在地上,经院长批准,法院决定对其拘留 7 日。问:对妨碍民事诉讼的哪些行为可以采取强制措施?

专家解析:

妨碍民事诉讼的强制措施,是指在民事诉讼过程中,人民法院为保证诉讼活动和执行活动的顺利进行,依法对实施妨碍民事诉讼行为的人所采取的强制手段。我国《民事诉讼法》第 109 至 114 条规定,以下行为为妨碍民事诉讼的行为:

(1)人民法院对必须到庭的被告,经两次传票传唤,无正当理由拒不到庭的,可以拘传;

（2）人民法院对违反法庭规则的诉讼参与人和其他人，可以予以训诫，责令退出法庭或者予以罚款、拘留；

（3）人民法院对哄闹、冲击法庭，侮辱、诽谤、威胁、殴打审判人员，严重扰乱法庭秩序的人，依法追究刑事责任，情节较轻的，予以罚款、拘留；

（4）诉讼参与人或者其他人有下列行为之一的，人民法院可以根据情节轻重予以罚款、拘留；构成犯罪的，依法追究刑事责任。

①伪造、毁灭重要证据，妨碍人民法院审理案件。②以暴力、威胁、贿买方法阻止证人作证或者指使、贿买、胁迫他人作伪证。③隐藏、转移、变卖、毁损已被查封、扣押的财产，或者已被清点并责令其保管的财产，转移已被冻结的财产。④对司法工作人员、诉讼参加人、证人、翻译人员、鉴定人、勘验人、协助执行的人，进行侮辱、诽谤、诬陷、殴打或者打击报复。⑤以暴力、威胁或其他方法阻碍司法工作人员执行职务的。⑥拒不履行人民法院已经发生法律效力的判决、裁定。⑦有义务协助调查、执行的单位有下列行为是妨害民事诉讼的行为。第一，有关单位拒绝或者妨碍人民法院调查取证的。第二，银行、信用合作社和其他有储蓄业务的单位接到人民法院协助执行的通知书后，拒不协助查询、冻结或者划拨存款的。第三，有关单位接到人民法院协助执行通知书后，拒不协助扣留被执行人的收入、办理有关财产权证照转移手续、转交有关票证、证照或者其他财产的。第四，其他拒绝协助执行的。除上述拒绝协助执行的行为外，如果有其他拒绝协助执行的行为，也应采取强制措施。

专家支招：

本案中李某的行为已经构成严重妨碍民事诉讼的行为，法院应该对其拘留,适用拘留措施由人民法院院长批准,制作拘留决定书。拘留的期限为 15 日以下,被拘留人不服,可以申请复议一次;被拘留人提出复议申请后,上级人民法院应当及时复议,如果发现拘留不当,应当及时口头通知解除拘留,然后在 3 日内补作复议决定书。

55.如何提出管辖权异议?

案例:

北京市海淀区的张某安和张某权与杭州市的张某丽是兄妹,其父张某某(多年前丧偶)死亡后,遗产被杭州的张某丽占有。此时,张某安和张某权为了分割遗产,向北京市海淀区人民法院起诉,海淀区人民法院依法受理了该案件。被告张某丽提出了管辖权异议。问:如何提出管辖权异议?

专家解析:

《民事诉讼法》第 127 条规定:"人民法院受理案件后,当事人对管辖权有异议的,应当在提交答辩状期间提出。人民法院对当事人提出的异议,应当审查。异议成立的,裁定将案件移送有管辖权的人民法院;异议不成立的,裁定驳回。当事人未提出管辖异议,并应诉答辩的,视为受诉人民法院有管辖权,但违反级别管辖和专属管辖规定的除外。"管辖权异议,是指当事人提出的,认为受理案件的第一审人民法院对该案没有管辖权的意见或主张。管辖权异议应该具备以下条件:

(1)前提条件,必须在人民法院受理案件后。也就是说,只有当一方当事人就他们之间的纠纷向人民法院提起诉讼，经人民法院审查并决定受理，即涉及该人民法院的管辖权问题时，才可以提出。所以，在人民法院受理案件前，不管是当事人起诉前还是当事人起诉后的人民法院审查期间，都不存在提出管辖权异议的问题，因为此时该案的管辖权尚未确定。

时间范围，管辖权异议的时间，必须在法院受理案件之后，并且在提交答辩状期间提出，否则异议无效。超过法定期间，人民法院不再受理。当事人在此期间提出异议后又要求撤回的，法院应予允许。在案件审理过程中，出现有独立请求权的第三人或追加了案件当事人，他们的管辖异议权不受"提交答辩状期间"的限制。适用简易程序审理的案件，原告可以口头起诉，被告因未收到起诉状，不能书写答辩状，因此管辖异议不受答辩期间的限制。适用特别程序审理的案件，因不存在争议的双方，所以，不存在"提交答辩状期间"，管辖权异议也不受限制。无独立请求权的第三人，在人民法院裁定其承担民事责任的情况下，如对一审管辖权有异议，在二审期间可以根据民事诉讼法的规定对管辖权提出异议，这种异议不应受"提交答辩状期间"的限制。

（3）主体条件，有权提出管辖权异议的，只能是本案的当事人，其他诉讼参加人无权就管辖问题向法院提出意见，也不得以此为借口不参加诉讼。提出异议的当事人一般是被告和有独立请求权的第三人。原告是提起诉讼的人，故而不会对管辖权提出异议；当然，在发生移送管辖后，原告有权向受移送法院提出管辖权异议；无独立请求权第三人，由于其在诉讼中居于辅助一方当事人的地位而不具有异议权。

专家支招：

管辖权异议书应向受理该案的人民法院提出。受理该案的法院对该案进行实体审理以前，应先审议当事人对管辖权提出的异议，就对该案是否有管辖权问题作出书面裁定。

对于满足上述形式要件的管辖权异议，人民法院应慎重地进行实质审查。经审查认为异议成立的,由受诉人民法院作出裁定,将案件移送有管辖权的人民法院审理;经审查认定异议不成立的,则裁定驳回。在审查决定作出前,应停止对本案的实体审理。

法院对案件作出的判决发生法律效力后，如果当事人对驳回管辖权异议的裁定和判决一并申诉或申请再审的,法院经过复查,发现管辖虽有错误,但判决正确的,管辖问题不再变动;如经复查,认为管辖和判决均有错误,应按审判监督程序处理。经过再审或者提审,原判决和裁定均被撤销的,应将案件移送有管辖权的人民法院审理。如果人民法院未改变案件的管辖问题,当事人则有权对案件的管辖提出异议。

法院对案件作出的判决发生法律效力后，如果当事人对驳回管辖权异议的裁定和判决一并申诉或申请再审的,法院经过复查,发现管辖虽有错误,但判决正确的,管辖问题不再变动;如经复查,认为管辖和判决均有错误,应按审判监督程序处理。经过再审或者提审,原判决和裁定均被撤销的,应将案件移送有管辖权的人民法院审理。如果人民法院未改变案件的管辖问题,当事人则有权对案件的管辖提出异议。

56.民事诉讼的开庭审理如何进行?

案例:

原告王某诉称:原告同被告某小学签订承包合同一份。约定被告开办的校办工厂（教育印刷厂）由王某承包经营10年,承包费每年2万元,共计20万元,一次性交清。但合同才签了3年,被告方却单方擅自提高承包费,甚至对原告的经营横加干涉,给原告造成经济损失5万元。被告某小学辩称:原承包费确实太低,尤其是随着物价上涨,每年上交2万元已显失公平。问:民事诉讼的开庭审理如何进行?

专家解析:

开庭审理,是指人民法院在当事人和其他诉讼参与人参加下,对案件进行实体审理的诉讼活动过程。开庭审理的任务在于审查证据,查明案情,分清是非,正确适用法律,确认当事人之间的权利义务关系,进行调解或作出判决,以制裁民事违法行为,保护国家、集体和个人的合法权益。根据《民事诉讼法》的规定,开庭审理分为以下四个阶段:预备阶段、法庭调查阶段、法庭辩论阶段以及评议宣判阶段。

（1）预备阶段。按照《民事诉讼法》的规定,人民法院在开庭审理的预备阶段,应当做好以下几项工作:①在开庭3日前,通知当事人和其他诉讼参与人。法律规定在开庭3日前通知,是为了给被通知出庭的人必要的准备时间,以便他们能按时出庭。②公开审理的案件,应当公告当事人姓名、案由和开庭的时间、地点。法律规定开庭前公告,是为了使群众了解人民法院近期内审理什么案件,以便前来旁听案件的审理。③开庭审理前,书记员应当查明当事人和其他诉讼参与人是否到庭,向当事人和其他诉讼参与人以及旁听群众宣布法庭纪律。④开庭审理时,审判长应依照法定顺序,进行如下诉讼活动:第一,核对当事人。主要是对当事人的姓名、性别、年龄、住址和职业加以核对。如果是法定代理人出庭,应核对他与被代理人的关系。如有委托代理人出庭,应审查其授权委托书及其代理权限。如果是法定代表人出庭,应审查其身份证明书。第二,宣布案由。核对当事人之后,宣布案由,即宣布审理什么案件。第三,宣布审判人员、书记员名单。第四,告知当事人有关的诉讼权利和义务。这是保障诉讼当事人平等行使诉讼权利原则的具体表现,以使当事人在诉讼中充分行使诉讼权利和履行诉讼义务。第五,询问当事人是否申请回避。如当事人申请回避,应依照《民事诉讼法》规定加以解决。

(2)法庭调查阶段。法庭调查阶段又称实体审理阶段,它是开庭审理的中心阶段,其主要任务是审查核实各种诉讼证据,对案情进行直接的、全面的调查。

①由原告口头陈述事实或者宣读起诉状,讲明具体诉讼请求和理由。②由被告口头陈述事实或者宣读答辩状,对原告诉讼请求提出异议或者反诉的,讲明具体请求和理由。③第三人陈述或者答辩,有独立请求权的第三人陈述诉讼请求和理由;无独立请求权的第三人针对原、被告的陈述提出承认或者否认的答辩意见。④原告或者被告对第三人的陈述进行答辩。⑤审判长或者独任审判员归纳本案争议焦点或者法庭调查重点,并征求当事人的意见。⑥原告出示证据,被告进行质证;被告出示证据,原告进行质证。⑦原、被告对第三人出示的证据进行质证;第三人对原告或者被告出示的证据进行质证。⑧审判人员出示人民法院调查收集的证据,原告、被告和第三人进行质证。经审判长许可,当事人可以向证人发问,当事人可以互相发问。审判人员可以询问当事人。法庭调查结束前,审判长或者独任审判员应当就法庭调查认定的事实和当事人争议的问题进行归纳总结。

(3)法庭辩论阶段。法庭辩论,是当事人就如何认定事实和适用法律进行辩论。法庭辩论是开庭审理的又一个重要阶段。在这一阶段中,当事人可以根据法庭调查的材料,对于证据的证明力、事实的认定,以及适用什么法律及理由,向法庭提出自己结论性的意见。法庭辩论的目的,是使案件的事实及当事人之间的是非曲直进一步明朗化。《民事诉讼法》第 141 条规定,法庭辩论按下列顺序进行:①原告及其诉讼代理人发言;②被告及其诉讼代理人答辩;③第三人及其诉讼代理人发言或者答辩;④双方互相辩论。法庭辩论终结,由审判长按原告、被告、第三人的先后顺序征询双方最后意见。法庭辩论终结,审判长或者独任审判员征得各方当事人同意后,可以依法进行调解,调解不成的,应当及时判决。

评议宣判阶段。评议宣判阶段是开庭审理的最后阶段。这个阶段的任务,是由合议庭对案件进行评议,确定案件事实,分清是非责任,正确适用法律,确认民事权利义务关系,制作判决书并公开宣布判决。

专家支招:

人民法院在当事人和其他诉讼参与人参加下,对案件进行实体审理。开庭审理的任务在于审查证据,查明案情,分清是非,正确适用法律,确认当事人之间的权利义务关系,进行调解或作出判决,以制裁民事违法行为,保护国家、集体和个人的合法权益。作为本案中的原告王某,在宣判前的任何诉讼阶段,都可以同对方当事人进行和解,或者请求人民法院主持调解。如果与对方当事人达成调解协议,法庭将及时制作调解书,对调解协议内容的合法性予以确认,调解书经双方当事人签收后,即发生法律效力。如果不同意调解或未达成调解协议,人民法院将继续审理并作出判决。

57.哪些民事案件适用简易程序?

案例:

原告潘甲与被告潘乙是父子关系,潘甲与潘乙共同居住在潘甲所有的房屋。潘甲因与潘乙发生矛盾,向某法院起诉,要求被告每月给付赡养费 500 元,并要求法院对住房进行分割。某法院适用简易程序,传唤潘乙到庭。问:哪些民事案件适用简易程序?

专家解析:

《民事诉讼法》第 157 条规定:"基层人民法院和它派出的法庭审理事实清楚、权利义务关系明确、争议不大的简单的民事案件,适用本章规定。基层人民法院和它派出的法庭审理前款规定以外的民事案件,当事人双方也可以约定适用简易程序。"第 161 条规定:"人民法院适用简易程序审理案件,应当在立案之日起三个月内审结。"简易程序就是简化了的普通程序, 是基层人民法院和它派出的法庭审理简单的民事案件所适用的程序。简易程序具有如下几个特点:

(1)诉讼方式简便。依据《民事诉讼法》有关规定,适用第一审普通程序审理的案件,原则上应采取书写起诉状的方式,口头起诉仅仅是例外。适用简易程序审理的简单的民事案件, 法律明确规定可以口头起诉,省去了原告人因准备诉状而花费的时间。

(2)受理程序简便。在简易程序中,无须发出受理案件通知书,开庭审理也无须进行公告、通知。如果双方当事人可以同时到基层人民法院或者其他派出的法庭,则可以同时起诉、应诉和答辩。案情特别简单的,时间和人力又允许的,还可以当即审理。

(3)传唤方式简便。适用简易程序审理案件则可以用简便的方式,即人民法院认为适宜的任何方式进行传唤,比如打电话、捎口信、有线广播或口头约定等方式。当然,通知应以直接通知本人为原则,未直接通知本人的传唤不能视为合法的传唤。

(4)实行独任制审理。适用简易程序审理的民事案件采用独任制,从开庭前的准备、开庭审理到依法裁判或调解,都是只有审判员一人担任,不必进行合议。审判员在独立审理时,必须配备书记员专门负责记录,不得自审自记。

(5)开庭审理程序简便。适用简易程序的案件,其开庭审理程序的简便主要表现在以下几方面:①不受庭审前通知当事人的手续和时间的限制。在简易程序中,法庭审理可在受理后立即进行,无须办理传唤手续,即使另行指定开庭日期的,也不受日前通知的限制,可以以任何适宜的方式通知、传唤当事人,通知和传唤均不办理专门的文书手续,只须记录即可。②法庭调查不受《民事诉讼法》规定的顺序限制,依据案件的具体情况随意选择程序的先后。③法庭辩论的顺序不受《民事诉讼法》规定顺序的限制,审判人员可根据案件审理需要,指令或允许某一方当事人或其代理人发言。适用简易程序的法庭调查和法庭辩论两个步骤不必严格划分,可以结合进行,以达到查清事实、分清是非、正确解决纠纷的目的。

(6)审结期限较短。依《民事诉讼法》第 163 条的规定,人民法院在审理过程中,发现案件不宜适用简易程序的,裁定转为普通程序。

专家支招:

一般认为简单民事案件的标准应该是:事实清楚、情节简单、争议不大。这三个条件是互相联系的,应该同时具备才能视为简单民事案件。一般来说,下列具体案件可以作为简易案件适用简易程序:(1)结婚时间短,对婚前财产、共同财产双方当事人意见比较一致,争议不大的离婚案件;结婚时间不长,当事人婚前患有法律规定不准结婚的疾病的离婚案件。(2)权利义务关系明确,双方无大争议,只是各自坚持己见,在给付金额多少和何时给付上有争议的追索赡养费、扶养费和抚育费的案件。(3)确认或变更收养、抚养关系,双方争议不大的案件。(4)借贷关系明确、证据充分和金额不大的债务案件。(5)遗产和继承人范围明确、遗产数额不大的案件。(6)事实清楚、责任明确、赔偿金额不大的损害赔偿案件。(7)事实清楚、情节简单、是非明确、争议焦点集中、争议金额不大的其他案件。

58.民事诉讼中,被告何种情况下可以提起反诉?

案例:

原告任某某两年前与张某离婚,他们2岁的女儿张某某与任某某共同生活。张某从没有给予过女儿生活费用。任某某向法院提起诉讼,请求法院判决张某支付女儿的生活费,而被告人张某在开庭时却提出请求,要求任某某将女儿交由他来养育。问:民事诉讼中,被告何种情况下可以提起反诉?

专家解析:

《民事诉讼法》第51条规定:"原告可以放弃或者变更诉讼请求。被告可以承认或者反驳诉讼请求,有权提起反诉。"第140条规定:"原告增加诉讼请求,被告提出反诉,第三人提出与本案有关的诉讼请求,可以合并审理。"在民事诉讼中,当事人的诉讼地位平等,原告可以对被告提起诉讼,被告则有权提起反诉。反诉是相对本诉而言,原告提起的诉讼为本诉,反诉是被告以独立的起诉方式向原告提出反诉请求,为了和本诉共同审理以达到抵销或者并吞原告人的权利或者使原告人的权利失去作用的目的就是反诉。

提起反诉,必须具备下列条件:(1)反诉的被告必须是本诉的原告,也就是说反诉本诉的当事人必须相同,这是因为反诉是本诉的被告人对本诉的原告人提起的,反诉的原告人必须是本诉的被告人,反诉的被告必然是本诉的原告人,否则就不存在反诉的问题。(2)反诉只能向原诉法院提起。(3)反诉和原诉应属于同一种诉讼程序。(4)反诉和原诉应基于同一事实或同一法律关系。(5)反诉的时间必须在原诉受理之后,举证期限届满之前。人民法院对符合以上五个条件的反诉,应当接受并与本诉一起进行认真审查合并审理,将这两个独立的诉讼请求,分别加以审查,分别作出最后的结论。在判决中应当说明对于两个诉讼中每一个诉讼是如何解决,如果其中一方放弃诉讼请求,撤回起诉,不能就此也终结另一方的诉讼请求,另一方的诉讼请求仍然应当进行审理。虽然二者之间有必然的内在联系,但并不是互为存在条件的,两个诉讼都有各自独立的请求。

专家支招:

被告提出反诉后,法院应审查是否符合起诉的一般条件和反诉的特别条件,对符合条件的反诉,应予受理。被告如果在开庭过程中才提出反诉,除非原告放弃法定的答辩期利益,法院应休庭让原告答辩并另行指定开庭的期日。法院原则上应一并审理本诉与反诉,将两诉合并调查和辩论,并且一并对两诉作出裁判。在例外情况下,法院也可将反诉与本诉分开调查和辩论,并且在其中一诉已达到可作出判决的程序时,先行作出部分判决。本案关于原告起诉追索抚养费和被告反诉变更监护权的案件可以合并审理。

59.民事诉讼中的哪些案件不适用反诉？

案例：

连某起诉王某离婚一案在某区人民法院审理，被告王某在接到原告连某的起诉状之后,在举证期限内向法院递交了民事反诉状,提出了要求原告连某对其进行损害赔偿的新的诉讼请求。问:民事诉讼中的哪些案件不适用反诉？

专家解析：

《民事诉讼法》第51条规定:"原告可以放弃或者变更诉讼请求。被告可以承认或者反驳诉讼请求,有权提起反诉。"根据我国的立法原则,以下案件不适用反诉:

(1)没有被告称谓的诉讼案件不适用反诉。在民事诉讼过程中,不同的诉讼程序,对当事人的称谓也不同。在第一审程序中,称为原告、被告;第二审程序中称为上诉人(原审被告或原审原告)、被上诉人;在审理本院决定再审的案件、上级法院提审的案件、当事人申请再审的案件以及人民检察院抗诉引起的再审案件的审判监督程序中, 当事人称为原审原告、原审被告;在执行程序中称为申请执行人、被执行人。《民事诉讼法》第51条规定,被告有权提起反诉,从立法角度看,可以理解为,只有被告称谓的当事人才能提起反诉。没有被告称谓的当事人不能提起反诉。

(2)法律规定适用特别程序审理的案件不适用反诉。特别程序是民事审判程序中的一种,是人民法院审理特殊类型案件所适用的程序。特别程序对审级、审限、当事人的称谓及审理程序均作了特殊的规定,这些规定是人民法院审判某些特殊案件所遵循的特别规则,这类案件没有利害冲突的双方当事人(原告与被告),只有利害关系人,而且解决的问题也不是民事权益之争。特别程序一般也不因起诉而开始,而是因利害关系申请而开始。特别程序审理的案件是各种各样的,没有统一的对象,也没有共同的审理目的,人民法院按特别程序审理案件所作出的裁判,送达后立即生效,不得上诉,即实行一审终审制。从以上的情况看,特别程序审理的案件根本不具备反诉的特别,所以此类案件不适用反诉,其中包括:①审理选民资格案件所适用的程序;②认定公民无民事行为能力、限制民事行为能力案件所适用的程序;③认定财产无主案件适用的程序等。

(3)某些基于婚姻家庭关系的人身权的案件不适用反诉。①离婚案件不适用反诉。②赡养、抚养、扶养案件不适用反诉。赡养是指对长辈承担的供养责任;抚养是指对未成年人承担的供养责任;扶养是指对等同辈分的人承担的供养责任。从上述三个概念的含义看,当事人所尽的义务都是法定的,这种法定义务既不能解除也不容抵消,所以,这类案件不存在反诉的问题。

专家支招:

离婚是当事人重要的法律行为。人民法院审理离婚案件时,不仅要对夫妻双方的人身关系作出裁判,而且要对子女抚养以及财产关系等作出裁判,使之产生一系列的法律后果。故离婚本诉将对涉及的关系一并裁判,被告也就不可能提出新的反请求,即被告已不存在提起反诉的空间。而婚姻法规定无过错方有权请求损害赔偿,也不属于反诉,如果无过错方是被告，其只能在庭审中依据原告离婚的请求要求原告给予损害赔偿,而不是提起反诉。据此,本案中人民法院的法官对被告提起反诉的诉讼请求应该裁定不予受理。

60.当庭增加的诉讼请求能否得到法院支持?

案例:

秦某与陈某因为股权转让发生纠纷,秦某向人民法院提起诉讼,诉讼请求中写明"要求被告陈某支付股份转让费 150 万元",法院受理该案后,在开庭审理过程中,秦某增加了一项诉讼请求为"支付违约利息 44.4 万元"。问:当庭增加的诉讼请求能否得到法院支持?

专家解析:

诉讼请求，是指当事人基于争议的法律关系要求法院作出的特定的判决。《民事诉讼法》第 119 条规定:"起诉必须符合下列条件:(一)原告是与本案有直接利害关系的公民、法人和其他组织;(二)有明确的被告;(三)有具体的诉讼请求和事实、理由;(四)属于人民法院受理民事诉讼的范围和受诉人民法院管辖。"原告方在向人民法院提起诉讼时,必须要有明确的诉讼请求,否则法院不予受理。《民事诉讼法》第 51 条规定:"原告可以放弃或者变更诉讼请求。被告可以承认或者反驳诉讼请求,有权提起反诉。"因此,在诉讼过程中,诉讼请求是可以放弃或者变更的。放弃与变更诉讼请求包括诉讼请求的类型、内容、标的和数额。而按照诉讼请求的内容不同,可以分为三类:确认之诉、给付之诉、变更之诉。当事人只要变更或放弃了诉讼请求的其中一项或多项,即视为变更或放弃了诉讼请求。

《最高人民法院关于民事诉讼证据的若干规定》第34条第3款规定:"当事人增加、变更诉讼请求或者提起反诉的,应当在举证期限届满前提出。"因此,在通常情况下,原告变更诉讼请求必须在举证期限届满前提出,否则法院不予支持。另外,变更诉讼请求以后,对于诉讼费的收取,法律也进行了详细的规定,也会产生相应的法律后果。《诉讼费交纳办法》第21条规定:"当事人在诉讼中变更诉讼请求数额,案件受理费依照下列规定处理:一、当事人增加诉讼请求数额的,按照增加后的诉讼请求数额计算补交;二、当事人在法庭调查终结前提出减少诉讼请求数额的,按照减少后的诉讼请求数额计算退还。"第35条规定:"当事人在法庭调查终结后提出减少诉讼请求数额的,减少请求数额部分的案件受理费由变更诉讼请求的当事人负担。"合法的变更诉讼请求,必然会影响诉讼费的交纳,或补交、或退还。

专家支招:

在本案中,原告秦某在诉状中有明确的诉讼请求,即要求被告陈某支付股份转让费150万元,法院也予以受理,但其起诉时并未主张违约利息。开庭审理后,原告秦某所增加的诉讼请求为"支付违约利息44.4万元"与诉状中的诉讼请求"给付转让费150万元"虽同属"给付之诉",但二者的内容、标的和数额均不同,应视为不同的诉讼请求,因此原告秦某当庭所增加的要求应视为变更诉讼请求。但在本案中,原告秦某增加诉讼请求是在超出举证期限后提出的,违反了该规定的强制性规定,人民法院不予支持。

61.离婚诉讼都有哪些程序?

案例:

王某与吴某结婚一年后,生有一女孩儿。小女孩儿出生2个月后,吴某即以感情破裂为由向法院起诉离婚。被告王某在答辩状中表示不同意离婚,开庭审理后,见吴某离婚决心非常坚决,于是向法庭表示同意离婚,但要多分家庭财产。问:离婚诉讼都要有哪些程序?

专家解析:

只有一方要求离婚的在《婚姻法》第25条第1款规定:"男女一方要求离婚的,可由有关部门进行调解或直接向人民法院提出离婚诉讼。"根据这一规定,夫妻一方要求离婚的,当事人可用两种方式解决:(1)调解。调解是指当事人所在单位、群众团体、基层调解组织对一方要求离婚的纠纷进行调解。这些单位在调解时,应尽量促使夫妻和好。如果感情确已破裂实在没有办法和好的,不要强制调解和好。如果达成离婚协议,双方当事人必须到婚姻登记机关申请领取离婚证书,否则,没有法律效力。(2)起诉。调解不是离婚的必经程序,当事人一方也可以直接向人民法院起诉。人民法院立案受理后,首先进行调解,这是人民法院审理离婚案件的必经程序,然后根据不同情况作出处理:①准予离婚。夫妻感情确已破裂,又无和好的可能,且人民法院调解无效的,人民法院将作出准予离婚的判决。②不准予离婚。人民法院对案件审理后,认为夫妻双方感情尚未完全破裂,但调解无效的,可作出不准予离婚的判决。③发给离婚协议书。人民法院经审理,认为夫妻感情确已破裂,又无和好可能,经调解达成离婚协议的,人民法院将制作调解协议书发给双方当事人。调解书与判决书有同等法律效力。

专家支招:

对人民法院判决不服的,当事人可以在接到判决书的第二天起15日内向上一级人民法院提起上诉。

62.打民事官司时,诉讼程序在什么情况下应该中止?

案例:

原告陆某是某房屋的所有权人。陆某以楼下住户唐某擅自拆除承重墙,并在天井内进行违章搭建,对其财产和人身安全构成隐患为由,以唐某作为被告提起相邻关系之诉,要求唐某拆除违章搭建,并将拆除的承重墙恢复原状。同年在法院审理案件期间陆某死亡。问:打民事官司时,诉讼程序在什么情况下应该中止?

专家解析:

诉讼中止,就是在诉讼进行中,因发生法定中止诉讼的原因,人民法院裁定暂时停止诉讼程序。诉讼中止必须是由人民法院和当事人意志以外的客观原因所致。《民事诉讼法》第150条规定以及最高人民法院的司法解释,有下列情形之一的,中止诉讼:

(1)一方当事人死亡,需要等待继承人表明是否参加诉讼的。当事人是诉讼主体,是权利义务的承担者,主体缺少了,诉讼就不能进行。但是当事人的权利义务可以由继承人承担。所以,诉讼中,一方当事人死亡,需要等待继承人参加诉讼的,人民法院应当及时通知继承人作为当事人参加诉讼,不能仍将死亡的人列为当事人。对继承人能够马上参加诉讼的,无须中止诉讼。

(2)一方当事人丧失诉讼行为能力,尚未确定法定代理人的。一方当事人起诉时具有诉讼行为能力,在诉讼中丧失诉讼行为能力的,这时由于他不能正确表达自己的意志,无法亲自进行诉讼,无诉讼行为能力人应由他的监护人作为法定代理人代为诉讼。

(3)作为一方当事人的法人或者其他组织终止,尚未确定权利义务承受人的。法人由于依法被撤销、解散,依法宣告破产及其他原因而终止,终止的法人不能再作为诉讼当事人,在未确定其承受人之前,诉讼应当中止。

(4)一方当事人因不可抗拒的事由,不能参加诉讼的。不可抗拒的事由是指不能预见、不能避免、不能克服的客观情况,如天灾、车祸等重大事故。当事人必须是因不可抗拒的事由在较长时间内不能参加诉讼,又没有委托诉讼代理人时,方可中止诉讼。

(5)本案必须以另一案的审理结果为依据,而另一案尚未审结的。这种情况是指本案与他案存在某些联系,而且他案的审理结果是本案审理的前提条件,在他案未审结的情况下,本案无法进行审理,所以,应中止诉讼。

(6)其他应当中止诉讼的情况。这是一项弹性规定,由审判人员在实践中灵活掌握。

(7)在借贷案件中,债权人起诉时,债务人下落不明的,法院应要求债权人提供证明借贷关系存在的证据,受理后公告传唤债务人应诉。公告期限届满,债务人仍不应诉,借贷关系无法查明的,裁定中止诉讼;在审理中债务人出走,下落不明,事实难以查清的,裁定中止诉讼。

(8)人民法院受理实用新型或外观设计专利侵权案件后,在向被告送达起诉状副本时,应当通知被告如欲请求宣告该项专利权无效,须在答辩期间内向专利复审委员会提出。被告在答辩期间请求宣告该项专利无效的,人民法院应当中止诉讼。专利权人提出财产保全申请并提供担保的,人民法院认为必要时,在裁定中止诉讼的同时责令被告停止侵权行为或者采取其他制止侵权损害继续扩大的措施。被告在答辩期间未请求宣告该项专利权无效,而在其后的审理过程中提出无效请求的,人民法院可以不中止诉讼。人民法院受理的发明专利侵权案件或者经专利复审委员会审查维持专利权的实用新型专利侵权案件,被告在答辩期间请求宣告该项专利无效的,人民法院可以不中止诉讼。

专家支招:

符合上述情况之一的,人民法院应作出裁定中止诉讼。中止诉讼的原因消除后,由当事人申请或者法院以职权恢复诉讼程序。人民法院所作诉讼中止的裁定,在恢复诉讼程序时不需加以撤销,从法院通知或准许当事人双方继续进行诉讼时起,中止诉讼的裁定即失去效力。

63.民事诉讼程序在什么情况下终结?

案例:

某区人民法院在审理原告张某某诉被告贾某某、贾某赡养纠纷一案中,原告张某某在庭审期间因突发疾病去世。问:民事诉讼程序在什么情况下终结?

专家解析:

诉讼终结:是指在诉讼进行中,由于出现特定情形,使诉讼程序不能继续进行下去,或者失去了继续进行的意义,从而结束诉讼程序的。《民事诉讼法》第 151 条是关于终结诉讼的规定。本条规定,有下列情形之一的,终结诉讼:(1)原告死亡,没有继承人,或者继承人放弃诉讼权利的。民事诉讼是因原告提出诉讼请求、主张一定权利而引起的。如果原告死亡,没有继承人,或者继承人放弃诉讼权利,就使诉讼失去了权利主张人。这样的诉讼继续下去既不可能也无意义,人民法院应当终结诉讼。(2)被告死亡,没有遗产,也没有应当承担义务的人。原告的诉讼请求不可能得到满足,诉讼继续进行既不可能也无意义,应当终结诉讼。(3)离婚案件一方当事人死亡的。离婚案件是为了解除当事人之间的婚姻关系。一方当事人死亡,意味着婚姻关系因此消灭。诉讼要解决问题的前提已经不复存在,应当终结诉讼。(4)追索赡养费、扶养费、抚育费以及解除收养关系案件的一方当事人死亡的。追索赡养费、扶养费、抚育费以及解除收养关系案件的原告死亡的,提出给付要求的人不存在了;被告死亡,也不能再支付赡养费、扶养费和抚育费了。案件审理的实际意义消失,应当终结诉讼。解除收养关系案件的一方当事人死亡的,收养关系已经不复存在,诉讼也没有进行的必要,应当终结诉讼。

专家支招:

本案属于第 4 种情形,原告在向被告追索赡养费的案件审理过程中死亡,造成提出给付要求的人不存在,因此案件审理已无实际意义。诉讼终结并没有解决当事人之间的实体权益问题,因此人民法院以裁定的形式决定诉讼终结。诉讼终结的裁定既可以是书面的,也可以是口头的。诉讼终结的裁定一经作出即发生法律效力,当事人不得上诉,也不得申请复议,自裁定送达当事人之日起或宣布之日起发生法律效力。诉讼终结的案件,当事人不得以同一事实和理由,就同一诉讼标的再行起诉,法院也不得再行受理此案。应当注意的是,诉讼终结是诉讼程序的终结,终结诉讼的裁定,不能确定死亡一方当事人的财产归属。

64.人民法院审理第一审普通民事案件应在什么时限内审结?

案例:

陈某因高某借其 5 万元钱,到期拒不还钱,向人民法院提起诉讼,诉讼一直进行了快一年,法院迟迟没有判决,每当陈某追问法官何时判决时,法官都是不置可否。问:人民法院审理第一审普通民事案件应在什么时限内审结?

专家解析:

审理期限,简称为审限。第一审普通程序的审理期限,也就是人民法院按第一审普通程序审理民事案件的期间限制。及时审结民事案件,对保护当事人的权益具有积极的意义。根据《民事诉讼法》第 149 条规定:"人民法院适用普通程序审理的案件,应当在立案之日起 6 个月内审结。有特殊情况需要延长的,由本院院长批准,可以延长 6 个月;还需要延长的,报请上级人民法院批准。"审限指从立案的次日起至裁判宣告、调解书送达之日止的期间,是人民法院审理案件必须遵守的期限。

在人民法院审理民事案件过程中,有时会发生特殊的情况,不能在规定的审理期限内结案,这就需要延长审理期限。根据《民事诉讼法》第149 条规定,有特殊情况需要延长的,由本院院长批准,可以延长 6 个月;还需要延长的,报请上级人民法院批准。

专家支招:

根据《最高人民法院关于适用〈中华人民共和国民事诉讼法〉若干问题的意见》第 164 条的解释,下列事项耽误的期间不计入审限:(1)公告期间,即从法院在报纸上正式发出公告之日起至公告期满的时间。(2)鉴定期间,即从当事人提出书面鉴定申请至鉴定机构出具正式的鉴定结论之间的时间。(3)处理管辖问题的期间,即从当事人提出书面管辖异议至二审法院就管辖问题作出终审裁定书的时间以及处理人民法院之间的管辖争议的期间。(4)因当事人、诉讼代理人申请通知新的证人到庭、调取新的证据、申请重新鉴定或者勘验,法院决定延期审理一个月之内的期间。(5)有关专业机构进行审计、评估、资产清理的期间。(6)中止诉讼(审理)或执行至恢复诉讼(审理)或执行的期间;(7)当事人达成执行和解或者提供执行担保后,执行法院决定暂缓执行的期间。(8)上级人民法院通知暂缓执行的期间。(9)执行中拍卖、变卖被查封、扣押财产的期间。

65.宣告公民死亡案件如何审理?

案例:

某市化工厂工人许某下落不明已四年有余,该化工厂向人民法院提出宣告许某死亡的申请。人民法院受理后,发出公告。公告半年后,人民法院作出宣告失踪的判决。化工厂不服判决,便向上级法院上诉。问:宣告公民死亡案件如何审理?

专家解析:

《民事诉讼法》第 184 条规定:"公民下落不明满 4 年,或者因意外事故下落不明满 2 年,或者因意外事故下落不明,经有关机关证明该公民不可能生存,利害关系人申请宣告其死亡的,向下落不明人住所地基层人民法院提出。申请书应当写明下落不明的事实、时间和请求,并附有公安机关或者其他有关机关关于该公民下落不明的书面证明。"第 185 条规定:"人民法院受理宣告失踪、宣告死亡案件后,应当发出寻找下落不明人的公告。宣告失踪的公告期间为 3 个月,宣告死亡的公告期间为一年。因意外事故下落不明,经有关机关证明该公民不可能生存的,宣告死亡的公告期间为 3 个月。公告期间届满,人民法院应当根据被宣告失踪、宣告死亡的事实是否得到确认,作出宣告失踪、宣告死亡的判决或者驳回申请的判决。"由于宣告公民死亡将引起重大的法律后果,因此,申请宣告公民死亡应当具备一定的条件:

(1)须有该公民下落不明的事实存在。这种事实包括三种情况:一是在正常情况下公民离开自己的住所或经常居住地去向不明;二是因意外事故离开该公民所在地去向不明;三是因意外事故离开该公民的所在地去向不明,经有关机关证明该公民不可能生存的。意外事故,如交通事故、自然灾害,包括海难、飞机失事、地震、雪崩、海啸、台风等。只要存在三种情况中的一种,即存在下落不明的事实。

(2)下落不明须满法定期间或者有关机关证明其不可能生存。

根据法律的有关规定,法定期间具有两种情形:一是在通常情况下,公民下落不明的事实状态持续满 4 年。期间的计算,从该公民最后离开自己的住所或经常居住地失去音讯之次日起算;二是公民因意外事故下落不明满2年的,下落不明的时间从意外事故发生之次日起算;三是因意外事故下落不明,经有关机关能证明其不可能生存的,这种情况不受时间限制。

(3)须由该公民的利害关系人提出申请,由该公民住所地的基层法院管辖。法院不能以职权宣告公民死亡。利害关系人,是指被申请宣告死亡人的配偶、父母、子女、兄弟、姐妹、祖父母、外祖父母、孙子女、外孙子女,以及其他与被申请人有民事权利义务关系的人。几个利害关系人对是否申请该公民死亡意见不一致时,行使申请权的顺序是:①配偶;②父母、子女;③兄弟姐妹、祖父母、外祖父母、孙子女、外孙子女;④其他有民事权利义务关系的人。

申请撤销死亡宣告不受上述顺序的限制。另外,宣告失踪不是宣告死亡的必经程序,如果公民下落不明符合宣告死亡条件的,利害关系人可以不申请宣告失踪而直接申请宣告死亡。利害关系人也可以只申请宣告失踪,不申请宣告死亡。但同一顺序的利害关系人,有的申请宣告死亡,有的不同意宣告死亡的,人民法院应当按宣告死亡案件审理。不同顺序的利害关系人有不同意见的,人民法院应按前一顺序人的意见受理。

(4)利害关系人申请宣告公民死亡,必须向下落不明人住所地的基层法院提出书面申请。申请书应记明:申请人的姓名、性别、年龄、与被申请宣告死亡人的关系、被申请宣告死亡人下落不明的事实、时间、申请宣告死亡的理由和请求。申请人还应提出公安机关或其他有关机关出具的关于该公民下落不明的证明书。因意外事故下落不明,经有关机关证明其不可能生存的,应提供有关机关出具的该公民不可能生存的证明书。

专家支招：

　　人民法院受理公民宣告死亡案件后，应发出寻找下落不明人的公告。公告应记明：申请人的姓名、年龄、性别、与被申请宣告死亡人的关系、下落不明人的姓名、年龄、性别、籍贯、相貌特征、离开住所或经常居住地失去音讯的时间等。关于公告期间，则因下落不明的原因不同而有所不同。正常情况下的宣告公民死亡或者因意外事故下落不明的，公告期间为1年；因意外事故下落不明，经有关机关证明其不可能生存的，宣告公民死亡的公告期间为3个月。

　　在公告期间，如果下落不明人已出现或者有知情者报告其下落行踪的，经法院确认后，不能宣告该公民死亡，而应作出判决，驳回申请人的申请。如果公告期间届满，下落不明人仍然没有任何音讯，也无人提供下落不明人的下落，则宣告公民死亡的事实得到确认，法院应作出宣告公民死亡的判决。宣告公民死亡的判决，自宣告之日起发生法律效力。判决宣告之日，即为该公民的死亡日期。判决书除送达给申请人外，还应在被宣告死亡人住所地和法院所在地公告。上述判决为终审判决，不得提起上诉。

66.认定财产无主案件如何起诉和审理？

案例：

　　陈某花的丈夫徐某及儿子徐某林死亡后，其生活主要由申请人陈某某照料。陈某某对其尽了较多的扶养义务。陈某花去世之后，申请人陈某某要求认定陈某花生前所住的房屋为无主财产，并将该房屋判归其所有，向财产所在地人民法院提出申请。问：认定财产无主案件如何起诉和审理？

专家解析：

《民事诉讼法》第191条规定："申请认定财产无主，由公民、法人或者其他组织向财产所在地基层人民法院提出。申请书应当写明财产的种类、数量以及要求认定财产无主的根据。"第192条规定："人民法院受理申请后，经审查核实，应当发出财产认领公告。公告满一年无人认领的，判决认定财产无主，收归国家或者集体所有。"第193条规定："判决认定财产无主后，原财产所有人或者继承人出现，在《民法通则》规定的诉讼时效期间可以对财产提出请求，人民法院审查属实后，应当作出新判决，撤销原判决。"根据有关的法律规定，认定财产无主案件的成立，需具备以下几个条件：

（1）需要认定的财产必须是有形财产。无形财产或者精神财富，不能成为认定财产无主案件的认定对象。（2）财产所有人确已消失或者财产所有人不明，权利的归属问题悬而未决，长期无法确定。在司法实践中常遇到的财产无主的情形是：①没有所有人或者所有人不明的财产。②所有人不明的埋藏物或隐藏物。③拾得的遗失物、漂流物和失散的饲养动物，经公安机关或者有关单位公告招领满1年无人认领的财物。④无人继承的财产，包括被继承人死亡后没有继承人、全部继承人放弃继承或丧失继承权等情况下的遗产。（3）财产没有所有人或者所有人不明的，其持续状态须满一定期限。不满法定期间的，即使所有人已消失或不明的，也不能申请认定为无主财产。（4）申请认定财产无主案件，应当由该财产所在地的基层人民法院管辖，以便于人民法院调查核实该财产的实际情况。(5)须由申请人提出书面申请。根据《民事诉讼法》的规定，公民、法人或者其他组织都有资格提出申请，认定财产无主。法院不能在无人提出申请时，依职权认定财产无主。

专家支招：

(1)申请人提出申请时，应向法院提交申请书。申请书应写明：申请人的姓名或名称、住所或机构所在地，待认定财产的种类、数量、形状、所在地，目前占有状况以及请求认定财产无主的根据。(2)法院接受申请人的申请后，应对其进行审查，经过审查，认为申请不符合条件或者财产有主的，判决驳回申请；认为申请符合条件的，应当立案受理。法院立案受理后，应发出财产认领公告。发布公告的目的，是为财产所有人提供认领的机会。公告应当写明申请人的姓名或名称、住所，财产的种类、数量、形状，公告期间以及寻找财产所有人认领财产的意旨。公告期间为1年。公告期间，该项财产处于无主状态，人民法院可指定专人管理。公告期间内，如果有人对该项财产提出所有权请求，法院应对其请求进行审查。经过审查，认为该项请求成立，应作出判决，驳回认定财产无主的申请，终结特别程序并通知原主认领；认为该项请求不能成立，则裁定予以驳回，按认定财产无主的特别程序继续审理。公告期间届满，仍然无人认领的，或者申请认领的请求不能成立的，法院即应作出判决，认定该项财产无主，视情况的不同而收归国家或集体所有。判决送达后，立即发生法律效力，对此判决不得上诉。对占有该财产的，责令非法占有人交出财产，拒不交出的，强制执行。(3)法院判决认定财产无主，是以当时的一定事实为根据，从法律上作出推定，因而不能排除存在财产所有人或者继承人的可能性。因此，当判决认定财产无主后，原财产所有人或者其继承人出现时，法律上的推定即与现实处于矛盾状态。为了解决这种矛盾，保护原财产所有人或者他的继承人的权利，应原财产所有人或继承人的请求，法院就应作出新判决，撤销原判决。但是，原财产所有人或者其继承人的请求要得到满足，还必须是在民法通则规定的诉讼时效期间内对财产提出请求，也就是说，原财产所有权人或者继承人从知道或者应当知道法院判决认定财产无主之日起，在2年内行使请求权，请求作出认定财产无主判决的法院作出新判决，撤销原判决。超过诉讼时效期间，原财产所有人或其继承人请求返还财产的，不予保护。人民法院针对申请应当在审查属实后，实事求是地作出新的判决，撤销原判决。原判决撤销后，财产由其所有人或合法继承人认领，占有该财产的人或组织应返还原物；原物不存在的，应按原物的实际价值折价返还。

67.如何适用督促程序？

案例：

张甲和王乙签订了购销钢材的合同，张甲按照合同的约定向王乙交付了钢材，王乙未按期给付货款，此时，张甲对王乙没有其他债务纠纷，可以申请法院发布支付令。问：如何适用督促程序？

专家解析：

《民事诉讼法》第214条规定："债权人请求债务人给付金钱、有价证券，符合下列条件的，可以向有管辖权的基层人民法院申请支付令：

(一)债权人与债务人没有其他债务纠纷的;(二)支付令能够送达债务人的。申请书应当写明请求给付金钱或者有价证券的数量和所根据的事实、证据。"《民事诉讼法》规定,督促程序分为申请、审理、提出异议和执行四个阶段。

(1)申请。根据《民事诉讼法》的规定,督促程序由债权人向人民法院申请支付令而开始。《民事诉讼法》规定,申请支付令应当符合下列条件:①债权人与债务人没有其他债务纠纷的。即申请人对被申请人没有给付金钱等其他债务,只存在被申请人未向申请人给付金钱或者有价证券的情形。②支付令能够送达到债务人的。债务人不在我国领域内,或者债务人下落不明需要公告送达,都属于不能送达,在这两种情况下,不能申请支付令。

(2)审理。债权人提出申请后,人民法院应当在5日内通知债权人是否受理。对符合《民事诉讼法》规定的申请条件的,人民法院都应当受理。为迅速解决债务争议,人民法院受理申请后,仅审查债权人提供的事实和证据,不需要询问债务人及开庭审理。人民法院经审查,认为债权债务关系明确、合法,应当在受理之日起15日内直接向债务人发出支付令;申请不成立的,应当裁定予以驳回。申请不成立包括债权债务关系不明确及债权债务不合法等。

(3)异议的提出。人民法院发布支付令前仅审查了申请人提出的事实和证据,没有接触被申请人,没有让被申请人对申请人的请求答辩,为了平等地保护当事人双方的合法权益,《民事诉讼法》规定,债务人自收到支付令之日起15日内可以提出书面异议。人民法院收到债务人提出的书面异议后,经审查,异议成立的,应当裁定终结督促程序,支付令自行失效。这时,申请人如果认为有必要,可以就该事项提起诉讼,人民法院对该诉讼按普通程序审理。

（4）执行。债务人收到人民法院的支付令后,如果认为债权债务关系存在,没有异议,应当自收到支付令之日起15日内向债权人清偿债务;如果债务人自收到支付令之日起15日内既不履行支付令又不提出异议的,申请人可以申请人民法院强制执行。

专家支招:

申请支付令,应当提交申请书,写明请求给付金钱或者有价证券的数量和所根据的事实和证据。事实是指双方债权债务关系存在及债务人没有履行债务的事实。对于提出的事实,要有相应的证据加以证明。申请书应当向有管辖权的人民法院提出。至于哪个是有管辖权的人民法院,取决于争议法律关系的性质和《民事诉讼法》关于管辖的规定。例如,如果是因为合同关系请求给付金钱,可以向合同履行地或者被告所在地人民法院申请。

68.支付令异议成立有什么法律后果?

案例:

浙江甲服装商店与广东乙服装厂签订了联销服务协议书,由乙服装厂在广东展销会期间代销服装。甲服装商店派人送去各种规格服装500件,计货款5万元。展销结束后,乙服装厂退还甲服装店部分未销售的服装,计货款2万元,尚欠货款3万元,一直未付。甲服装商店屡屡催讨债款,乙服装厂却以开户银行"存款不足"不予付款。甲服装商店向法院申请支付令,乙服装厂以合同约定期限未到提出支付令异议。问:支付令异议成立有什么法律后果?

专家解析:

对支付令的异议,是指债务人认为支付令有错误,而以书面形式向人民法院提出不应履行支付令所载支付义务的一种意思表示。根据《民事诉讼法》第 216 条规定:"债务人应当自收到支付令之日起 15 日内清偿债务,或者向人民法院提出书面异议。"司法实践中,如果债务人只就支付令部分内容提出异议,异议的效力及于全部请求。对于债务人提出的异议,人民法院应及时将异议内容和时间告知债权人。

人民法院对债务人在法定期间内提出的书面异议,经审查,异议成立的,应当裁定终结督促程序。但从程序上讲,应对异议进行形式上的审查,提出的异议,遇有下列情况,按无效处理:(1)债务人对债务本身无异议只是提出缺乏清偿能力的,不影响支付令效力。(2)债务人异议必须具备法定书面形式,在书面异议书中写明拒付的事实和理由,口头异议无效。(3)债务人收到支付令后,不在法定期间内提出书面异议,而向其他人民法院起诉的,也不影响支付令效力。(4)债权人有多项独立的支付请求,债务人仅就其中某一项请求提出异议的,其异议对其他支付请求无效。(5)债务人为多人的,其中一债务人提出异议,如果债务人是必要共同诉讼人,其异议经其他债务人同意承认,对其他债务人发生效力;如果债务人是普通共同诉讼人,债务人一人的异议对其他债务人不发生效力。人民法院认定异议无效,应以适当方式尽快告知债务人。因此异议不成立,支付令仍然有效,及时告知债务人,可以督促其自行清偿债务,完成支付令指定义务。

专家支招：

根据《民事诉讼法》第 217 条规定,人民法院收到债务人提出的支付令异议后,认为异议有效的,将产生三个方面的法律后果：

(1)终结督促程序。按照《民事诉讼法》的规定,终结督促程序,人民法院应当作出裁定,终结督促程序裁定书由审判员、书记员署名,并加盖人民法院印章。此裁定一经作出,即产生法律效力,债权人不得上诉。终结督促程序是人民法院在适用程序上所作的决断,而不是对债权人请求权的否定,至于债权人如何主张其权利,由其自行决定。人民法院可告知债权人另行起诉,由有管辖权的人民法院管辖。

(2)支付令自行失效。人民法院支付令生效的条件,是债务人在规定的期限内既没有清偿债务,也不提出书面异议,或者提出的异议被人民法院驳回。如果债务人提出的书面异议成立,则支付令自行失效,即不能作为债权人申请强制执行的根据。

督促程序与诉讼程序的转换。支付令失效后,法院应当将案件转为诉讼程序审理,但申请支付令的一方当事人不同意提出诉讼的除外。

69.公示催告程序如何适用？

案例：

某公司给某疗养院开具了 50 万元的支票,后因疗养院保险柜失窃,该疗养院向人民法院申请公示催告。问:公示催告程序如何适用？

专家解析：

根据《民事诉讼法》第 18 条的法律规定,公示催告程序是用来解决可以背书转让的票据或者其他事项,在出现被盗、遗失等情形时,对权利人予以相应救济的程序,其核心在于通过公示催告,催促不特定的利害关系人申报权利,如果无人申报或者申报被驳回,则根据申请人的申请作出无效判决的程序。

(1)公示催告程序的适用条件。①公示催告的申请人应当是可以背书转让的票据或者其他事项被盗、遗失或灭失前的最后持有人。②公示催告程序只能适用于可以背书转让的票据以及法律规定允许公示催告的其他事项。这里的其他事项包括记名股票、提单。③向有管辖权的法院申请。公示催告案件由票据支付地的基层人民法院管辖。票据支付地是指票据上记载的付款地;票据上未载明付款地的,票据付款人的住所地或主要营业所在地为付款地。

(2)公示催告的审理程序。①人民法院受理申请。人民法院对公示催告申请审查后,对于符合条件的予以受理,对于不符合条件的,裁定驳回申请。②发出止付通知与公告。人民法院在受理案件的同时,应当向付款人发出停止支付的通知,该通知构成付款人向持票人拒绝支付的书面凭证。此外,人民法院还应当在受理案件的 3 日内,发出公示催告的公告,该公告不仅要张贴在法院的公布栏内,还要张贴在证券交易所门前,而且还要在全国性的报刊上发出公告,该公告期不得少于 60 天。公告发出后,在公示催告期内转让票据的行为无效。③申报权利及其处理。在公示催告期间,或者公示催告期间届满,人民法院尚未作出无效判决之前,对票据或者其他事项主张权利的人可以向发出公示催告的人民法院申报权利,如果该申报无正当理由,人民法院应驳回申报,如果申报有正当理由,人民法院则应当裁定终结公示催告程序。

(3)无效判决。无效判决的作出。公示催告期间届满,无人申报权利或者申报被驳回,申请人应当在期间届满后 1 个月内申请人民法院作出无效判决,期间届满未申请作出无效判决的,人民法院应当裁定终结公示催告程序,可见,无效判决不是人民法院依据公示催告的情况作出的,而是根据申请人的申请作出。

专家支招:

无效判决的法律效力。公示催告程序实行一审终审制度,因此,无效判决作出后,即产生以下法律效力:(1)申请人申请公示催告的票据或者其他事项无效。(2)排除了所公示催告的票据或者其他事项上的原有权利。因此,无效判决也可以称作除权判决。(3)依据该判决,在持有判决人与付款人之间重新建立债权债务关系。(4)公示催告程序终结,因为无效判决作出后,公示催告程序的目的已实现。

70.认定公民无民事行为能力、限制民事行为能力案件如何审理?

案例:

邱某因感情挫折,受到打击,诱发精神病,经过 1 年多的治疗,没有任何好转,其父向法院提出认定邱某为无民事行为人的申请。问:认定公民无民事行为能力、限制民事行为能力案件如何审理?

专家解析:

《民事诉讼法》第 187 条规定:"申请认定公民无民事行为能力或者

限制民事行为能力，由其近亲属或者其他利害关系人向该公民住所地基层人民法院提出。申请书应当写明该公民无民事行为能力或者限制民事行为能力的事实和根据。"根据该规定，认定公民无民事行为能力、限制民事行为能力案件应满足以下条件：(1)必须有精神病人不能辨认或不能完全辨认自己行为的事实存在。(2)由精神病人的近亲属或者其他利害关系人提出。(3)认定公民无民事行为能力、限制民事行为能力的申请必须以书面形式提出。申请书应当写明：申请人的姓名、性别、年龄、住址、与认定无民事行为能力、限制民事行为能力人的关系；被申请认定无民事行为能力、限制民事行为能力人的姓名、性别、年龄、住所；该公民无民事行为能力或限制民事行为能力的事实和根据。(4)申请认定公民无民事行为能力、限制民事行为能力的案件，应当由该公民住所地的基层法院管辖，以便于就近了解该公民的实际情况。

专家支招：

根据《民事诉讼法》第 188 条、189 条以及 190 条规定，人民法院接到申请人的申请，经审查认为申请不合法或者精神病人不具备认定公民无民事行为能力、限制民事行为能力条件的，判决驳回申请；申请手续完备，符合认定条件的，进行审理，其程序如下：(1)为该公民确定代理人。人民法院审理认定公民无民事行为能力或者限制民事行为能力的案件，应当由该公民的近亲属为代理人，但申请人除外。近亲属互相推诿的，由人民法院指定其中一人为代理人。该公民健康情况许可的，还应当询问本人的意见。(2)进行鉴定。人民法院受理申请后，必要时应当对被请求认定为无民事行为能力或者限制民事行为能力的公民进行鉴定。申请人已提供鉴定意见的，应当对鉴定意见进行审查。(3)对案件的审理。人民法院通过对案件的审理，查清精神病人的实际情况后，如果确认该公民精神正常,具有民事行为能力,应当作出判决,驳回申请;如果确认该公民不能辨认或者不能完全辨认自己的行为,申请有事实根据的,则应作出认定该公民为无民事行为能力人或者限制民事行为能力人的判决。

基层法院认定公民无民事行为能力或者限制民事行为能力的判决,是终审判决。公民被宣告为无民事行为能力人或限制民事行为能力人后,应为其指定监护人。

71.民事诉讼中哪些案件不公开审理?

案例:

原告甲公司向人民法院起诉被告王某及乙公司。起诉状中称,被告王某原是其营销部经理,被乙公司高薪挖去,在乙公司负责市场推销工作。王某利用其在甲公司所掌握的商业秘密,将甲公司的销售与进货渠道几乎全部提供给了乙公司,甲公司因而损失严重,请求王某和乙公司承担连带赔偿责任。同时申请不公开审理,保护商业秘密。问:民事诉讼中哪些案件不公开审理?

专家解析:

《民事诉讼法》第 134 条规定:"人民法院审理民事案件,除涉及国家秘密、个人隐私或者法律另有规定的以外,应当公开进行。离婚案件,涉及商业秘密的案件,当事人申请不公开审理的,可以不公开审理。"公开审理是人民法院审判案件的一项基本原则,是开庭审理的主要形式,本条规定正是公开审判原则的具体实施。在特殊情形下，公开审理可能会对当事人造成消极影响，不利于保护当事人的合法权益，甚至可能对国家利益、社会利益造成难以弥补的损失。

主要有两类案件：(1)法定不公开审理，主要是指涉及国家秘密、个人隐私的案件。根据保守国家秘密法规定，所谓国家秘密是关系国家的安全和利益，依照法定程序确定，在一定时间内只限一定范围的人员知悉的事项。个人隐私，是指个人不愿意为别人知晓和干预的私人生活，主要包括私人生活安宁不受他人非法干扰，私人信息保密不受他人非法搜集、刺探和公开等。(2)依当事人申请而不公开审理，离婚案件往往会涉及当事人的感情和私生活方面的情况，当事人申请不公开审理的，可以不公开审理。商业秘密，主要是指技术秘密、商业情报及信息等，如生产工艺、配方、贸易联系、购销渠道等当事人不愿公开的工商业秘密。

专家支招：

根据《民事诉讼法》的规定，涉及商业秘密的案件，当事人申请不公开审理的，可以不公开审理。涉及商业秘密的案件会涉及当事人的经济利益，影响其在正当的商品生产和经营中的竞争力量，因而人民法院可以根据当事人的申请，决定不公开审理。

72.民事诉讼在哪些情况下可以延期审理？

案例：

杨某(女)诉于某某(男)离婚诉讼开庭审理的过程中，于某某不停地对杨某进行威胁和谩骂,对于审判人员几次制止和警告都不予理睬,在法庭质证阶段,杨某提供于某某外遇的证据时,于某某将证据撕碎,并搬起椅子向杨某砸去,于某某因为妨害民事诉讼被拘留。问:民事诉讼在哪些情况下可以延期审理?

专家解析:

延期审理是指在法院已发出开庭审理的通知和公告开庭审理日期后,或者在开庭审理进程中,由于出现某些法定情形,使庭审工作无法如期进行或无法继续进行,从而推延审理日期的诉讼制度。延期审理只能发生在开庭审理阶段,延期审理前已进行的诉讼行为,对延期后的审理仍然有效,但延期的时间不计算在审理期限内。

根据《民事诉讼法》第146条的规定,在诉讼中有下列情形之一的,可以延期审理:(1)必须到庭的当事人和其他诉讼参与人有正当理由没有到庭。必须到庭的当事人和其他诉讼参与人,如果确因突然患病等正当理由没法到庭,审查证据、认定事实等就难以进行,这将影响人民法院正确裁判,因此,可以延期审理。(2)当事人临时申请回避。根据《民事诉讼法》规定,被申请回避的人员,在人民法院作出回避决定前,应当暂停参与本案的工作,如果被申请回避的人员不参加本案工作,致使案件审理无法进行的,可以延期审理。(3)需要通知新的证人到庭,调取新的证据,重新鉴定、勘验,或者需要补充调查的可以延期审理。(4)其他应当延期审理的情形。

专家支招:

在诉讼过程中因妨害民事诉讼而被拘留,不能按期或者继续开庭审理应该延期审理,本案由于被告于某某被拘留,该案件应该延期审理。

73.民事诉讼中哪些情况可以作出缺席判决？

案例：

原告方某向人民法院起诉称,被告安某借方某 5000 元钱,到期拒绝还款,请求法院判决被告安某归还借款 5000 元。开庭审理原告方某向人民法院提交了相关证据。被告安某见胜诉无望,不听劝阻中途离开法庭,致使案件无法继续审理。问:民事诉讼中哪些情况法院可以做出缺席判决？

专家解析：

《民事诉讼法》第 143 条规定:"原告经传票传唤,无正当理由拒不到庭的,或者未经法庭许可中途退庭的,可以按撤诉处理;被告反诉的,可以缺席判决。"第 144 条规定:"被告经传票传唤,无正当理由拒不到庭的,或者未经法庭许可中途退庭的,可以缺席判决。"第 145 条规定:"宣判前,原告申请撤诉的,是否准许,由人民法院裁定。人民法院裁定不准许撤诉的,原告经传票传唤,无正当理由拒不到庭的,可以缺席判决。"

缺席判决是指人民法院在一方当事人无正当理由拒不参加法庭审理的情况下,依法作出判决。民事诉讼中法院可以作出缺席判决的情况有以下几种:(1)原告经法院传票传唤,无正当理由拒不到庭或者未经法庭许可中途退庭,被告反诉的。(2)被告经传票传唤无正当理由拒不到庭或者未经法庭许可中途退庭的。(3)无民事行为能力的被告的法定代理人,经法院传票传唤,无正当理由拒不到庭的。(4)无独立请求权的第三人经法院传票传唤,无正当理由拒不到庭或者未经法庭许可中途退庭的。(5)人民法院裁定不准撤诉的,原告经传票传唤,无正当理由拒不到庭的,可以缺席判决。(6)在借贷纠纷案件中,债权人起诉时,债务人下落不明的,人民法院受理案件后可以公告送达并传唤债务人应诉。公告期限届满,债务人仍然不应诉,借贷关系明确的,经审理后可以作出缺席判决。在审理中债务人出走,下落不明,借贷关系明确的,可以缺席判决。

专家支招:

本案中被告未经法庭许可中途退庭,法院可以依据《民事诉讼法》的相关规定缺席判决。缺席判决与对席判决具有同等法律效力。对于缺席判决,人民法院同样应当依照法定的方式和程序,向缺席的一方当事人宣告判决及送达判决书,并保障当事人的上诉权利的充分行使。

74.当事人对第一审未生效的判决、裁定不服提出上诉的条件有哪些?

案例:

赵某借夏某的私家车出去游玩,发生车祸,导致车辆严重受损,共花费修理费用2万元,由于赵某负全责,保险公司只负责赔偿1万元,夏某要求剩下的1万元应该由赵某承担。赵某认为这部分钱应该由保险公司承担,拒绝赔偿。无奈夏某以赵某为被告,向法院提起诉讼,法院判决赵某赔偿夏某修理费用1万元,赵某不服,提起了上诉。问:当事人对第一审未生效的判决、裁定不服提出上诉的条件有哪些?

专家解析:

《民事诉讼法》第164条规定:"当事人不服地方人民法院第一审判决的,有权在判决书送达之日起15日内向上一级人民法院提起上诉。当事人不服地方人民法院第一审裁定的,有权在裁定书送达之日起10日内向上一级人民法院提起上诉。"上诉,是当事人对第一审未生效的判决、裁定,在法定期限内声明不服,要求上一级人民法院进行审理,并撤销原判决、裁定的诉讼行为。上诉,是法律赋予当事人的一项重要的诉讼权利,是第二审人民法院开始第二审程序的依据。当事人行使上诉权、提起上诉,必须符合法律规定的要件,才能引起第二审程序的发生。根据《民事诉讼法》的规定,上诉应具备下列三个条件:

(1)有法定的上诉人和被上诉人。

上诉人是指提起上诉的一方当事人。凡第一审程序中的原告、被告及其法定代理人、法人的法定代表人,都是有权提起上诉的人。委托代理人提起上诉,必须经被代理人的特别授权。对诉讼标的有共同权利义务关系的共同诉讼人,其中一人提起上诉,经其他共同诉讼人同意的,对全体发生效力,但每个共同诉讼人也有权单独提起上诉。

被上诉人,是指提起上诉的当事人的对方当事人。他可能是第一审中的原告、被告或者第三人等等。但被上诉人必须是第一审中的具有实体民事权利义务的诉讼参加人。

(2)符合法定的上诉期限。

当事人对第一审人民法院的判决、裁定提起上诉,必须在法律规定的期间内进行。这个期间,就叫上诉期限,逾期不提出上诉,当事人就丧失了上诉权。

根据《民事诉讼法》的规定,上诉期限应从判决书、裁定书送达当事人的第二日起算。当事人各自接受裁判书的,从各自的起算日开始。任何一方均可以在自己的上诉期限内提起上诉。上诉期届满后,所有当事人均未上诉的,裁判才发生法律效力。

(3)递交上诉状。

提起上诉必须递交上诉状,上诉状是上诉人请求变更第一审裁判的书面形式的意思表示。以口头形式表示上诉的,不符合法律规定,人民法院可以不予受理。只有同时具备上述条件,上诉才能成立,才能引起上诉审程序的发生。

专家支招:

根据《民事诉讼法》第 165 条的规定,"上诉应当递交上诉状。上诉状的内容,应当包括当事人的姓名,法人的名称及其法定代表人的姓名或者其他组织的名称及其主要负责人的姓名;原审人民法院名称、案件的编号和案由;上诉的请求和理由。"上诉的请求和内容是上诉状的主要内容。上诉的请求是上诉人所要达到的目的。上诉请求应明确表明要求上诉审法院全部或部分变更原审裁判的态度,上诉理由,则是上诉人提出上诉请求的具体根据。上诉人应当提出自己认为一审裁判认定事实和适用法律不当或者错误所根据的事实和理由,包括第一审未提供的新的事实、理由和证据。

75.民事上诉案件如何审理?

案例:

(同案例 74)问:民事上诉案件如何审理?

专家解析:

第二审人民法院审理上诉案件,除依照《民事诉讼法》关于第二审程序的规定外,适用《民事诉讼法》关于第一审普通程序的规定。

(1)审理前的准备。

第二审人民法院收到第一审人民法院报送的上诉案件的上诉状、答辩状、全部案卷和证据后,应当由审判员组成合议庭。合议庭组成后,应当认真审阅全部上诉材料,有重点、有针对性、有计划地询问当事人、证人,进行必要的调查。

审阅上诉材料时,应特别注意审查当事人提起上诉是否具备法定的上诉条件。如果仅发现上诉状有欠缺的,能补正的应通知其按期补正,如果发现不符合上诉的条件,原审法院又没有裁定驳回,第二审法院应作出裁定,予以驳回。

(2)审理范围。

根据《民事诉讼法》第 168 条规定:"第二审人民法院应当对上诉请求的有关事实和适用法律进行审查。"所谓上诉请求的有关事实和适用法律,是指证明和确认上诉请求能否成立的事实和法律依据。对上诉人未提出异议的原审裁判所认定的事实和权利义务,二审人民法院一般不予审查。这是尊重当事人的处分权。但第二审人民法院在审理中,发现上诉请求以外,原判确有错误的,也应当予以纠正,保证人民法院正确地行使审判权。

（3）审理方式。

根据《民事诉讼法》第169条的规定,第二审人民法院审理上诉案件,一般应组成合议庭,开庭进行审判。开庭审理可以在本法院进行,也可以到案件发生地或者原审人民法院所在地就地进行。在经过阅卷和调查,询问当事人,将事实核对清楚后,对于没有提出新的证据事实和理由的,合议庭认为不需要开庭审判的,也可以不开庭审理。这说明,开庭审理是原则,不开庭审理是例外。也就是说,开庭审理是第二审人民法院审理上诉案件的主要方式,不开庭审理"运行判决"的只能是少数案件,是开庭审理的例外。这是第二审程序又一个重要特点。这个特点,区别于第一审程序中审理案件应当开庭审理的要求。

专家支招:

第二审人民法院审理上诉案件,必须遵守下列有关规定:第一,案件必须由合议庭审理,不能由审判员一人独任审理。第二,合议庭必须经过阅卷调查。调查可以由合议庭的全体成员进行,也可以由合议庭指定一个成员进行,该成员调查后,应向合议庭报告调查情况。第三,应当询问当事人,听取当事人陈述。第四,全部案件事实核对清楚后,认为不需要开庭审理的,由合议庭决定迳行裁判。

76.民事案件的上诉能否撤回?

案例:

肖某和韩某系青年夫妻,二人因一时斗气,肖某起诉到法院要求与韩某离婚。某市区法院经过审理判决准予原告肖某和被告韩某离婚。被告韩某不服一审判决,认为其夫妻一时斗气发生纠纷,夫妻感情并未破裂,提出上诉。市中级法院在审理过程中对双方做了大量耐心细致的工作。肖某在其同学、亲友的劝说下,表示不离婚。二人同时来到市中级法院,找到办理该案的审判人员说明情况,并同时申请撤回上诉。问:民事案件的上诉能否撤回?

专家解析:

《民事诉讼法》第173条规定:"第二审人民法院判决宣告前,上诉人申请撤回上诉的,是否准许,由第二审人民法院裁定。"撤回上诉,是指在第二审人民法院开始审理上诉案件以后,作出判决以前,当事人放弃诉讼请求权的行为。当事人申请撤回上诉,应当递交撤诉状,但是否准许,应由第二审人民法院裁定。第二审人民法院对撤回上诉的申请,进行审查之后,可以分别作出准予或不准撤回上诉的裁定。裁定可以采取书面形式,也可以采取口头形式。但一般来说,对准予撤回上诉的裁定应采取书面形式,对不准撤回上诉的裁定可以采取口头形式。

专家支招:

上诉人撤回上诉之后,就产生两个法律后果:一是第一审人民法院的判决或裁定立即发生法律效力；二是当事人丧失了对本案的上诉权，不得再行上诉。人民法院裁定不准撤回上诉的，诉讼继续进行。下列情况应当不准许撤回上诉：（1）经审查认为，一审所作的判决在认定事实和适用法律上有错误的；（2）经审查认为，双方当事人恶意串通损害国家和集体利益、社会公共利益及他人合法权益的；（3）经审查认为，一审人民法院违反法定程序，可能影响案件正确裁判的。

77.对人民法院作出的哪些民事裁定可以提出上诉？

案例：

李某以某公司的名义开发了某镇的排水工程，后王某与李某口头协商接入该排水管道。后李某以王某欠其入网排水费为由提出诉讼，要求王某给付排污费。此案经审理，王某是为某公司开发，应以某公司为被告诉讼，故驳回了李某的起诉。问：对人民法院作出的哪些民事裁定可以提出上诉？

专家解析：

根据《民事诉讼法》第154条的规定，裁定的适用范围是：（1）不予受理。当事人不享有民事程序上的诉权，或者该法院对此案件无管辖权的，法院应当裁定不予受理。（2）管辖权异议。一方当事人向法院起诉，受诉法院予以受理后，另一方当事人认为受诉法院对该案无管辖权的，可以在应诉之前向受诉法院提出管辖异议。对此，法院应当进行审查，经过审查认为异议没有理由的，书面裁定驳回异议；认为有理由的，裁定将案件移送有管辖权的法院。对该项裁定不服,当事人有权向上一级法院提起上诉。(3)驳回起诉。原告向法院起诉,法院予以受理后,在审理过程中,发现当事人没有实体意义上的诉权或者程序意义上的诉权,无权起诉或者起诉不符合起诉条件,法院以裁定驳回起诉。当事人不服的,可以提起上诉。(4)财产保全和先予执行。财产保全和先予执行是民事诉讼程序中两种必要的应急措施。对于财产保全和先予执行的裁定,当事人不能上诉,但可以向作出裁定的法院申请复议一次。复议期间,不停止对裁定的执行。(5)准许或者不准许撤诉。是当事人行使处分权的表现形式。当事人撤诉只要符合法律规定,法院就应当允许。但是,当事人的撤诉违背法律或者损害国家、集体和他人合法权益的,法院应当不允许其撤诉。(6)中止或者终结诉讼。中止诉讼是由于出现了特殊情况,诉讼程序中途停止。终结诉讼是由于出现了特殊情况,使正在进行的诉讼既无必要也无可能继续进行下去,因而最终结束诉讼程序。在诉讼过程中,遇有需要中止诉讼或者终结诉讼的情况,由人民法院裁定。(7)补正判决书的笔误。补正判决书的笔误,是对判决书中的错误进行补充或者更正。由于不涉及法院断定的实体问题,因此采用裁定。(8)中止或者终结执行。在诉讼过程中,遇有需要中止执行或者终结执行的情况,法院应当作出裁定。(9)不予执行仲裁裁决或者公证机关赋予强制执行效力的债权文书。仲裁机构的裁决发生法律效力后,一方当事人不履行的,对方当事人可以向有管辖权的法院申请执行。如果被申请人提出证据证明仲裁裁决存在不予执行的情节,法院经审查属实后,法院应当裁定不予执行仲裁裁决。公证机关依法赋予强制执行效力的债权文书,一方当事人不履行的,对方当事人可以向有管辖权的法院申请强制执行。受申请的法院确认债权文书确有错误的,也可以裁定不予执行。(10)其他需要裁定解决的事项。根据审判实践的需要,法律作出这一项弹性规定,以保证审判实践中新情况、新问题得以顺利解决。

上述民事裁定中,除了前三种是当事人可以上诉的裁定,以及财产保全和先于执行裁定可以申请复议外,对其他裁定不服的,当事人不能上诉,也不能申请复议。

专家支招:

根据《民事诉讼法》的规定,对于不予受理的民事裁定,当事人可以提起上诉。具体来说包括以下几方面:(1)原告起诉的事项不属于法院主管范围,或者虽属法院主管范围,但不属于本院管辖或者不属于民事案件的受案范围;(2)原告起诉不符合起诉条件,又无法补正,或者原告未在一定期限内按时补正;(3)法律规定在一定期限内不得起诉,但原告在此期限内起诉。对上述情形,法院裁定不予受理。原告对不予受理的裁定不服,有权在接到裁定书后 10 日内提起上诉,要求上一级法院撤销不予受理的裁定,并要求其指定下级人民法院立案受理。

78.对人民法院作出的哪些判决不得提出上诉?

案例:

张女士与其丈夫王某结婚 3 年后,发现王某一直没有与前妻离婚,张女士认为王某的行为已经构成重婚,于是向法院提起诉讼,要求法院确认其与王某的婚姻无效。问:对人民法院作出的哪些判决不得提出上诉?

专家解析：

上诉，是指当事人对人民法院所作的尚未发生法律效力的一审判决、裁定或评审决定,在法定期限内,依法声明不服,提请上一级人民法院重新审判的活动。民事诉讼不得上诉的情形有以下几点:(1)最高人民法院所作的一审判决、裁定,为终审判决、裁定,当事人不得上诉;(2)适用特别程序、督促程序、公示催告程序和企业法人破产还债程序审理的案件,实行一审终审;(3)根据《婚姻法》,确认婚姻效力的案件也实行一审终审。

专家支招：

本案张女士与丈夫的民事纠纷属于确认婚姻效力的案件，不是离婚案件,根据最高人民法院关于适用《中华人民共和国婚姻法》若干问题的解释(一)第九条规定:人民法院审理宣告婚姻无效案件,对婚姻效力的审理不适用调解,应当依法作出判决;有关婚姻效力的判决一经作出,即发生法律效力。涉及财产分割和子女抚养的,可以调解。调解达成协议的,另行制作调解书。对财产分割和子女抚养问题的判决不服的,当事人可以上诉。

79.民事上诉案件如何裁判?

案例：

周甲之父周乙死后,留有遗产房屋 3 间。周甲准备将父亲遗留房屋卖掉时,其堂弟周丙不同意,认为周甲不能以个人名义处理此项遗产,理由是周甲在外地工作时,自己曾对伯父尽过赡养义务,也应有此房的继承权。周甲不予理睬,周丙只好向法院起诉。一审法院经过审理认为:周丙确实对死者周乙尽过赡养义务,但周甲是周乙的儿子,是法定继承人,所以房产归周甲所有。周丙不服一审判决提出上诉。二审法院认为:一审法院在认定案件的事实方面是清楚的,但对周丙是否享有继承权在适用法律上是错误的。于是裁定撤销原判决,发回原审人民法院重审。问:民事上诉案件如何裁判?

专家解析:

第二审人民法院审理终结,经合议庭评议,应根据案件的不同情况分别作出判决和裁定。根据《民事诉讼法》第 170 条规定,第二审人民法院对上诉案件,经过审理,按照下列情形,分别处理:

(1)原判决、裁定认定事实清楚,适用法律正确的,以判决、裁定方式驳回上诉,维持原判决、裁定;(2)原判决、裁定认定事实错误或者适用法律错误的,以判决、裁定方式依法改判、撤销或者变更;(3)原判决认定基本事实不清的,裁定撤销原判决,发回原审人民法院重审,或者查清事实后改判;(4)原判决遗漏当事人或者违法缺席判决等严重违反法定程序的,裁定撤销原判决,发回原审人民法院重审。

原审人民法院对发回重审的案件作出判决后,当事人提起上诉的,第二审人民法院不得再次发回重审。

专家支招:

除发回重审的案件的判决、裁定可以上诉外,二审判决、裁定是终审判决、裁定,当事人不得再行上诉。除法律另有规定的外,任何一方当事人不得再以同一诉讼标的重新起诉。对于具有给付内容的终审判决和裁定,当事人应自觉履行裁判所确认的义务。否则人民法院即可强制执行。根据我国《民事诉讼法》的规定,人民法院对判决的上诉案件,应当在第二审立案之日起 3 个月内审结,有特殊情况,不能在规定的时间内审结,需要延长的,由本院院长批准。人民法院对裁定的上诉案件,应当在第二审立案之日起 30 日内作出终审裁定,不得延长。

80.人民法院对于哪些再审案件应予立案?

案例:

徐某向安某借款 5000 元,言明 1 年后还清。但徐某到期未还,安某多次索要未果,于是向某区人民法院起诉。徐某声称此款已还,但无凭证。而安某手中的借据也下落不明,又无其他证据。法院也收集调查不到有关证据。于是判决安某败诉。半年后,安某在家中找到了借据,于是向原审人民法院申请再审,法院经审查后决定受理。问:人民法院对于哪些再审案件应予立案?

专家解析:

《民事诉讼法》第 199 条规定:"当事人对已经发生法律效力的判决、裁定,认为有错误的,可以向上一级人民法院申请再审;当事人一方人数众多或者当事人双方为公民的案件，也可以向原审人民法院申请再审。当事人申请再审的,不停止判决、裁定的执行。"第 200 条规定："当事人的申请符合下列情形之一的,人民法院应当再审:(1)有新的证据,足以推翻原判决、裁定的;(2)原判决、裁定认定的基本事实缺乏证据证明的;(3)原判决、裁定认定事实的主要证据是伪造的;(4)原判决、裁定认定事实的主要证据未经质证的;(5) 对审理案件需要的主要证据,当事人因客观原因不能自行收集,书面申请人民法院调查收集,人民法院未调查收集的;(6)原判决、裁定适用法律确有错误的;(7)审判组织的组成不合法或者依法应当回避的审判人员没有回避的;(8)无诉讼行为能力人未经法定代理人代为诉讼或者应当参加诉讼的当事人,因不能归责于本人或者其诉讼代理人的事由,未参加诉讼的;(9)违反法律规定,剥夺当事人辩论权利的;(10)未经传票传唤,缺席判决的;(11)原判决、裁定遗漏或者超出诉讼请求的;(12)据以作出原判决、裁定的法律文书被撤销或者变更的;(13) 审判人员审理该案件时有贪污受贿,徇私舞弊,枉法裁判行为的。"

第 201 条规定："当事人对已经发生法律效力的调解书, 提出证据证明调解违反自愿原则或者调解协议的内容违反法律的, 可以申请再审。经人民法院审查属实的,应当再审。"

专家支招:

本案有新的证据证明借款事实的存在,足以推翻原判决、裁定,法院应当对该再审案件立案受理。

81.民事再审案件应适用什么程序审理?

案例:

(同案例80)问:民事再审案件应适用什么程序审理?

专家解析:

根据《民事诉讼法》第207条规定:"人民法院按照审判监督程序再审的案件,发生法律效力的判决、裁定是由第一审法院作出的,按照第一审程序审理,所作的判决、裁定,当事人可以上诉;发生法律效力的判决、裁定是由第二审法院作出的,按照第二审程序审理,所作的判决、裁定,是发生法律效力的判决、裁定;上级人民法院按照审判监督程序提审的,按照第二审程序审理,所作的判决、裁定是发生法律效力的判决、裁定。人民法院审理再审案件,应当另行组成合议庭。"

(1)如果生效的裁定或判决是由一审法院作出的,则按照一审程序来审理;如果再审的对象是二审法院作出的生效判决或裁定,则按照二审的程序来审理案件。

(2)依照再审程序审理案件的法院,包括原审法院、原审法院的上级法院和最高人民法院。对于上级法院和最高法院提审的案件,即使原来是一审法院审理终结的,也要按二审程序进行审理。按照第一审程序进行再审的案件作出的判决或裁定,当事人不服的,可以提起上诉;按照二审程序再审后作出的判决或裁定是终局性的,当事人不能再提上诉。如果再审案件是按照二审程序审理的,法院必须开庭审理。

(3)在法院开庭时,如果被告经传票传唤,无正当理由拒不到庭,可以缺席判决;如果原告经传唤无正当理由拒不到庭,不能按撤诉处理。这是因为再审案件是由法定的机关或公职人员提起的, 而不是基于原告起诉或上诉人上诉启动的,因此,原告不到庭,不会影响法院对再审案件的审理。

(4)法院在审理中如发现原判决违反法定程序的,依据不同情况可以作出如下不同的处理;如果认为不符合法律规定的受理条件的,法院会裁定撤销原一、二审判决,驳回起诉;如果有审判员、书记员应回避未回避的,未经开庭审理就作出判决的,适用普通程序审理的案件未经传票传唤当事人而缺席判决等违反程序的情况,从而可能影响正确判决、裁定的,则裁定撤销一、二审判决,发回原审法院重审。

专家支招:

本案发生法律效力的判决是由第一审法院作出的, 因此原告安某提出的再审,应该按照第一审程序审理,所作的判决、裁定,安某可以上诉。

82.民事案件申请再审应该在什么法定期限内提出?

案例:

小张与其继母方某继承纠纷一案, 一审法院依据方某提供的遗嘱判决被继承人张某某(小张的父亲)的遗产归方某继承。小张不服提起上诉,二审法院维持原判。过了1年以后,小张从其妹妹张某(同父异母之妹)口中得知其继母方某的遗嘱系伪造,小张遂向法院申请再审。问:民事案件申请再审应该在什么法定期限内提出?

专家解析:

根据《民事诉讼法》的规定,当事人申请再审,应当在判决、裁定发生法律效力后6个月内提出,该期间不适用中止、中断和延长的规定。但对于因以下事由申请再审的,再审申请期间为知道或应当知道相应情形之日起6个月:(1)有新的证据,足以推翻原判决、裁定的;(2)原判决、裁定认定事实的主要证据是伪造的;(3)据以作出原判决、裁定的法律文书被撤销或者变更的;(4)审判人员审理该案件时有贪污受贿,徇私舞弊,枉法裁判行为的。

专家支招:

本案中小张对于主要证据系伪造这一情况在二审判决1年后才知道,因此申请再审的法定期限应该从他知道这个事实开始起6个月内向法院申请再审。

83.民事诉讼案件如何申请执行?

案例:

李某(女)与王某(男)离婚一案在法院调解下达成协议:双方同意

离婚;婚生小孩由李某抚养;夫妻所有的2间房屋及其他家庭财产归李某所有。调解书送达双方当事人后,李某多次要求王某尽快把2间房屋腾出来由她居住,但王某一直以种种理由拖延,拒绝腾房。为此,李某持调解书向法院申请强制执行,要求王某腾出房屋。问:民事诉讼案件如何申请执行?

专家解析:

《民事诉讼法》第236条规定:"发生法律效力的民事判决、裁定,当事人必须履行。一方拒绝履行的,对方当事人可以向人民法院申请执行,也可以由审判员移送执行员执行。调解书和其他应当由人民法院执行的法律文书,当事人必须履行。一方拒绝履行的,对方当事人可以向人民法院申请执行。"

《民事诉讼法》第239条规定:"申请执行的期间为二年。申请执行时效的中止、中断,适用法律有关诉讼时效中止、中断的规定。前款规定的期间,从法律文书规定履行期间的最后一日起计算;法律文书规定分期履行的,从规定的每次履行期间的最后一日起计算;法律文书未规定履行期间的,从法律文书生效之日起计算。"

实现生效的法律文书有两种方式,一种是履行,即:对方当事人自动履行了判决所确定的义务。另一种便是执行。执行又称强制执行,是指人民法院依照法定程序,对生效法律文书确定的内容,运用法律的强制力,依法采取执行措施,强制负有义务的当事人履行义务的行为。如果对方当事人在法定期限内拒不履行义务,就要向法院提出执行申请。

专家支招:

根据《民事诉讼法》的相关规定,发生法律效力的民事判决、裁定由第一审人民法院执行。申请执行的期限,被申请人是公民的,为2年。也就是说判决书生效起超过2年不得再向法院申请执行。申请执行的期限,从法律文书规定的履行期限的最后一日的次日开始计算。向法院申请执行,应该准备好下列文件:(1)申请执行书。申请执行书中应当写明申请执行的理由、执行标的,以及申请执行人所了解的被执行人的财产状况。(2)作为执行根据的生效法律文书的副本原件。(3)申请执行人的身份证明。公民个人申请的,应当出示居民身份证;法人申请的,应当提交法人营业执照副本和法定代表人身份证明;其他组织申请的,应当提交营业执照副本和主要负责人身份证明。(4)继承人或者权利承受人申请执行的,应当交继承或者承受权利的证明文件。(5)如委托他人代为申请执行的,提交授权委托书。

84.民事案件什么情况下可以移送执行?

案例:

　　生活无助的刘某起诉至法院,要求4个子女给付赡养费。法院判决4个子女每人每月给付赡养费300元,判决生效后,4个子女置若罔闻,躺在病床上的刘某正一筹莫展的时候,法院执行庭的同志送来4个子女这个月的赡养费1200元。问:民事案件什么情况下可以移送执行?

专家解析:

　　根据《民事诉讼法》的相关规定,移送执行应当符合以下条件:(1)执行根据必须是由人民法院制作的、已经发生法律效力的具有执行内容的法律文书，仲裁机构和公证机构制作的法律文书不能移送执行。(2)具有移送执行的必要性。所谓"必要性"，是指作为执行根据的法律文书所规定的权利涉及国家利益、集体的重大利益，或者权利人因处于极其困难中而急需实现其权利，由此而产生法律文书须尽快实现的必要。法律文书生效后，如果没有移送执行的必要，则不移送执行，而由当事人自觉履行或申请人民法院执行。(3)填写移送执行书。移送执行书中要写明移送执行的理由、事项、执行标的、被执行人的基本情况、履行能力等。还要注明作为执行根据的法律文书的年度、案件编号，并送交法律文书的副本。

专家支招：

有些案件可以不经当事人申请，直接将案件的生效判决移送执行庭执行。因为有些案件涉及国家利益、社会利益和妇女、儿童、老人的生活急需，判决一经作出，就应立即执行。这类案件主要包括：(1)人民法院制作的具有给付赡养费用、抚养费、抚育费内容的民事判决书、调解书。(2)人民法院制作的具有财产内容的刑事判决书、裁定书。(3)人民法院制作的罚款决定书。(4)人民法院制作的财产保全和先予执行的裁定书。

85.如何正确确定执行案件的管辖？

案例：

甲市某服装加工厂与乙市某百货商场签订购销合同，总货款50万元。某百货商场虽经多次催款,仍拖延不付款。服装厂依合同约定向丙市仲裁委员会申请仲裁,在仲裁过程中服装厂和百货商场达成协议,三个月之内全部付清所欠货款,仲裁委员会依法制作了仲裁调解书。但是过了近半年的时间,百货商场仍欠货款 20 万元,未能全面履行仲裁调解书。服装厂遂申请人民法院强制执行。问:如何正确确定执行案件的管辖?

专家解析:

执行管辖,是指划分人民法院受理执行案件的职权范围,以确定各级人民法院对具体案件的权限和分工。正确确定执行案件的管辖,能够保证生效的法律文书及时付诸执行。作为执行根据的法律文书不同,执行案件管辖也有所区别:(1)人民法院制作的具有财产执行内容的民事判决、裁定,不论是第一审还是第二审或者再审,一律由第一审人民法院执行。法律另有规定的除外。(2)发生法律效力的支付令,由制作支付令的人民法院执行。(3)人民法院制作的承认和执行外国法院判决、裁定或外国仲裁机构裁决的裁定书和执行令,由制作该裁定和执行令的中级人民法院负责执行。(4)仲裁机构制作的发生法律效力的裁决书、调解书以及由公证机关制作的发生法律效力的债权文书,由被执行人住所地或者被执行人的财产所在地人民法院执行。

专家支招:

本案的服装厂可以向被执行人住所地或者被执行人的财产所在地人民法院申请执行。

86.在哪些情况下,人民法院会裁定中止执行?

案例:

杨某向王某借款人民币1万元。当时双方约定了还款日期。杨某因做生意亏本到期未能归还王某的1万元借款。后王某多次催讨,仍无结果。于是王某起诉到法院。法院审理后,判决杨某自本判决生效后2个月归还王某的借款。逾期,杨某未履行义务,王某向法院申请强制执行。在执行中,杨某因交通事故而丧失劳动能力,执行人员调查了解到杨某系孤儿,没有固定工作,无生活来源,现只能依靠有关部门的救济生活。据此,法院裁定中止本案的执行。问:在哪些情况下,人民法院会裁定中止执行?

专家解析:

《民事诉讼法》第256条规定:"有下列情形之一的,人民法院应当裁定中止执行:(1)申请人表示可以延期执行的;(2)案外人对执行标的提出确有理由的异议的;(3)作为一方当事人的公民死亡,需要等待继承人继承权利或者承担义务的;(4)作为一方当事人的法人或者其他组织终止,尚未确定权利义务承受人的;(5)人民法院认为应当中止执行的其他情形。中止的情形消失后,恢复执行。"人民法院决定中止执行时,应当作出中止执行的书面裁定,写明中止执行的理由和法律依据,由执行员、书记员署名,加盖人民法院印章,该裁定送达双方当事人后,即发生法律效力。

专家支招：

中止执行的效力主要体现在以下两个方面：（1）人民法院应当暂停一切执行活动。（2）执行程序的当事人及其他参与人不得改变中止执行前的财产状况和事实状态。如申请执行人不得擅自采取行动向被执行人追索债务；被执行人不得自行处分已经被查封、扣押的财产；协助执行人不得推卸协助法院执行的义务等。

87.在哪些情形下，人民法院会裁定终结执行？

案例：

张某与贾某因人身损害赔偿一案经法院判决，贾某要在 1 个月内支付张某的治疗费用及其他赔偿费用 5000 元。逾期之后，贾某并没有支付赔偿费用，张某向法院申请执行。在执行过程中，贾某意外身亡，贾某并没有任何遗产，也没有任何亲人。问：在哪些情形下，人民法院会裁定终结执行？

专家解析：

执行终结是指，在执行过程中，由于出现某种法定原因，使执行工作无法进行或者没有必要继续进行，从而停止执行程序，以后不再恢复。《民事诉讼法》第 257 条规定，有下列情形之一的，人民法院应当裁定终结执行程序：

（1）申请人撤销申请。执行程序一般是因当事人申请而开始的,当事人提出申请后,表示放弃自己的民事权利和诉讼权利,撤销执行申请的,人民法院的执行工作就没有必要进行了。(2)据以执行的法律文书被撤销的。人民法院予以执行的根据是生效的法律文书,如果法律文书通过审判监督程序被撤销;公证机关的具有强制执行力的债权文书被公证机关撤销;仲裁裁决被仲裁机构或者人民法院撤销,执行工作就无从进行了,只能终结执行。(3)作为被执行人的公民死亡,无遗产可供执行,又无义务承担人的。(4)追索赡养费、扶养费、抚育费案件的权利人死亡的。追索"三费"是特定人的权利,是基于特定身份关系存在的,是以特定人的生存为前提的,如果具有这种特定身份的人死亡,被执行人履行义务就失去了意义,因此应当终结执行。(5)作为被执行人的公民因生活困难无力偿还借款,无收入来源,又丧失劳动能力的。这一规定主要是为了扶助一些无依无靠的老年人,丧失劳动能力的残疾人。这些人借款往往是为了维持最简单、最基本的生活需要,而且借款数额又都不是很大,因此,在他们确实无力还债时,可以终结执行。需要注意的是,如果生活困难的公民有赡养人、扶养人,只是赡养人、扶养人不承担应尽的义务,那么不能终结执行。如果被执行人仅是一时的伤病不能劳动的,也不能适用本项规定。(6)人民法院认为应当终结执行的其他情形。这是一项灵活性规定。

专家支招:

被执行人死亡,一般并不免除其应承担的义务,如果他有遗产可供执行,或者有义务承担人的,仍应依法予以执行。但如果被执行人死亡后既无遗产,又无义务承担人时,执行工作就无法进行,因此应当终结执行。终结执行,人民法院应当作出裁定,送达当事人后即发生法律效力。

88.什么情况下法院裁定不予执行?

案例:

甲市 A 公司与乙市 B 公司签订一份购销合同,双方约定,发生纠纷后向丙市仲裁机构申请仲裁(合同约定的交货地在丙市),不得向法院起诉。合同履行中双方发生纠纷,B 公司依协议向丙市仲裁委员会申请仲裁,由于仲裁过程中未能达成调解协议,丙市仲裁委员会依法裁决:A 公司给付 B 公司拖欠货款 50 万元。仲裁裁决送达后,A 公司拒不履行裁决,理由是 B 公司向仲裁委员会提供的合同是假的,实际拖欠货款只有 10 万元。B 公司向法院申请执行。问:什么情况下法院裁定不予执行?

专家解析:

根据《民事诉讼法》第 237 条规定:"对依法设立的仲裁机构的裁决,一方当事人不履行的,对方当事人可以向有管辖权的人民法院申请执行。受申请的人民法院应当执行。被申请人提出证据证明仲裁裁决有下列情形之一的,经人民法院组成合议庭审查核实,裁定不予执行:(1)当事人在合同中没有订立仲裁条款或者事后没有达成书面仲裁协议的;(2)裁决的事项不属于仲裁协议的范围或者仲裁机构无权仲裁的;

(3)仲裁庭的组成或者仲裁的程序违反法定程序的;(4)裁决所根据的证据是伪造的;(5)对方当事人向仲裁机构隐瞒了足以影响公正裁决的证据的;(6)仲裁员在仲裁该案时有贪污受贿,徇私舞弊,枉法裁决行为的。人民法院认定执行该裁决违背社会公共利益的,裁定不予执行。裁定书应当送达双方当事人和仲裁机构。仲裁裁决被人民法院裁定不予执行的,当事人可以根据双方达成的书面仲裁协议重新申请仲裁,也可以向人民法院起诉。"此外,人民法院认定仲裁裁决违背社会公共利益的,也可以裁定不予执行。

专家支招:

本案的裁决所依据的证据是伪造的,人民法院应该裁定不予执行。A公司可以向人民法院提起诉讼,也可以根据双方达成的书面仲裁协议重新申请仲裁。

89.案外人对执行标的提出异议应如何处理?

案例:

人民法院的执行员根据某甲的申请,查封、变卖某乙的一台电冰箱的时候,某丙声称这台电冰箱不是某乙的,而是他存放在某乙家中的,而且提出了证据。问:案外人对执行标的提出异议应如何处理?

专家解析:

《民事诉讼法》第227条规定:"执行过程中,案外人对执行标的提出书面异议的，人民法院应当自收到书面异议之日起15日内审查，理由成立的，裁定中止对该标的的执行；理由不成立的，裁定驳回。案外人、当事人对裁定不服，认为原判决、裁定错误的，依照审判监督程序办理；与原判决、裁定无关的，可以自裁定送达之日起15日内向人民法院提起诉讼。"

执行异议是指在执行过程中，案外人对执行标的提出旨在主张实体权利的不同意见。这里的案外人就是没有参加执行程序的人，即执行案件当事人以外的其他人。《民事诉讼法》赋予案外人提出执行异议的权利，体现了实事求是的办案原则，为案外人维护其合法权益，纠正人民法院及其他机关生效法律文书可能存在的错误，提供了有效保障，维护了国家法律的尊严。

在执行过程中提出执行异议，应具备下列条件：

（1）在执行程序开始后，执行程序终结前提出。在执行程序尚未发生时，对生效法律文书的异议不具有执行异议的性质；而在执行终结后，案外人的异议已属新的争议，应通过新的诉讼程序加以解决。

（2）由案外人提出。

（3）执行异议的内容是对执行标的主张实体权利。案外人提出异议，是在其认为执行损害了自己的合法权益时，而对执行根据所确定的给付内容主张自己的实体权利。例如，对执行标的物主张所有权；或者认为被执行人的行为（作为或不作为）涉及自己的合法权益，等等。但如果只是对执行措施和方法提出不同意见就不是执行异议。

（4）必须提供证据，说明理由。如果案外人只以陈述对执行标的主张实体权利，而不能提供任何证据，说明任何理由，那么执行异议也是不能成立的。

在符合上述条件时,案外人应以书面形式向执行员提出执行异议;书写确有困难的,也可以提出口头异议,由人民法院记录在案。

专家支招：

本案中某甲和某乙是这个执行案件的当事人,某丙是案外人,冰箱是执行标的物,某丙的请求内容即是执行异议。对于案外人提出的执行异议,执行员首先应当进行审查,然后根据情况分别作出处理。如果认为提出异议的理由不成立,应当通知驳回申请,继续执行。如果认为提出异议的理由成立的,应当报请本院院长批准,中止执行程序。中止执行后,如果执行根据是人民法院自己制作的法律文书,就应当按照审判监督程序处理。即由本院院长提交审判委员会审查、讨论决定是否再审。如果发现作为执行根据的判决、裁定确有错误,决定再审的,应继续中止执行程序;如果经过审查,认为生效法律文书没有错误的,应立即恢复执行程序。如果执行程序是委托人民法院制作的法律文书,受托人民法院可提出书面意见,经院长批准后函请委托人民法院审查处理。如果执行根据是其他机关制作的法律文书,可以通过申请执行人发回原制作单位审查处理。

90.在执行过程中当事人如何达成和解?

案例：

某电器生产厂不履行购销合同,给某销售企业造成了经济损失,该企业向人民法院提起诉讼，法院判决该电器生产厂赔偿销售企业经济损失 10 万元。判决确定的履行期间届满后,该厂拒不履行赔偿义务。销售企业向人民法院申请执行。在执行过程中,某电器生产厂提出要可以赔偿 7 万元,销售企业表示同意,双方达成和解协议。问:在执行过程中当事人如何达成和解?

专家解析:

《民事诉讼法》第 230 条规定:"在执行中,双方当事人自行和解达成协议的,执行员应当将协议内容记入笔录,由双方当事人签名或者盖章。申请执行人因受欺诈、胁迫与被执行人达成和解协议,或者当事人不履行和解协议的,人民法院可以根据当事人的申请,恢复对原生效法律文书的执行。"

执行和解是指在执行过程中,双方当事人就执行根据所确定的权利义务关系,自行协商,互谅互让,自愿达成解决争议的协议,经过人民法院审查同意而中止或终结执行程序的活动。执行和解具有以下特征:(1)执行和解是当事人的自行活动,而不是在第三者(审判人员、执行员等)主持下进行的活动。(2)执行和解是当事人处分自己实体权利的一项重要的诉讼权利。只要和解不违反法律,不损害国家、集体和他人利益,人民法院就应当予以保障。执行和解就是双方当事人以协商形式,对这种生效法律文书已确认的法律关系的给付内容、给付数额、给付方式、给付期限等作出变更性处分的活动。(3)达成和解协议,必须出自双方当事人自愿。(4)和解协议的内容必须符合法律、政策。

专家支招:

执行案件的当事人双方达成和解协议的,执行员应将协议内容记入笔录,并由双方当事人签名或盖章。人民法院应当对执行和解协议进行审查,一经确认或批准即具有一定的效力。

执行和解成立,即可重新确定或调整双方当事人之间的权利义务关系。当事人双方通过和解协议,对原执行文书确定的给付内容和方式等作出了变更性处分,进而就重新确定或调整了当事人之间的权利义务关系,当事人将按此协议行使权利,履行义务。

执行和解协议不具有撤销原执行文书的效力。因为允许当事人达成和解协议,并不是因为生效的法律文书有错误,原生效的法律文书也不会因为当事人达成和解协议而失去其法律效力。

91.申请法院强制执行后有哪些流程?

案例:

刘某与张某父亲张某某签订了买卖张某某房屋的协议,刘某在拆除房屋过程中遭到张某的母亲陈某(其早与张某某离婚)阻止,使一间房屋未能拆除。双方发生纠纷后,互相起诉对方。后经人民法院判决张某和陈某停止侵权并迁出房屋。宣判后陈某和张某没有提起上诉,也未履行判决内容。刘某向法院申请执行。问:申请法院强制执行后有哪些流程?

专家解析:

根据《民事诉讼法》第 22 条规定,我国人民法院强制执行的通常方法和手段有以下几种：（1）查询、冻结、划拨被申请执行人的存款。（2）扣留、提取被申请执行人的收入。《民事诉讼法》第 243 条规定："被执行人未按执行通知履行法律文书确定的义务，人民法院有权扣留、提取被执行人应当履行义务部分的收入。但应当保留执行人及其所扶养家属的生活必需费用。人民法院扣留、提取收入时，应当作出裁定，并发出协助执行通知书，被执行人所在单位、银行、信用合作社和其他有储蓄业务的单位必须办理。"（3）查封、扣押、拍卖、变卖被申请执行人的财产。人民法院扣留、提取的存款和收入，拍卖、变卖被申请执行人财产所得的金钱，应及时交付申请执行人，并结束执行程序。（4）搜查被申请执行人隐匿的财产。《民事诉讼法》第 248 条第 1 款规定："被执行人不履行法律文书确定的义务，并隐匿财产的，人民法院有权发出搜查令，对被执行人及其住所或者财产隐匿地进行搜查。"在搜查中，如发现有应依法查封或者扣押的财产时，执行人员应当依照《民事诉讼法》的规定查封、扣押。如果来不及制作查封、扣押裁定的，可先行查封、扣押，然后在 48 小时内补办。（5）强制被申请执行人交付法律文书指定交付的财物或者单据。（6）强制被申请执行人迁出房屋或者退出土地。（7）强制执行法律文书指定的行为。（8）强制加倍支付迟延履行期间的债务利息和支付迟延履行金。加倍支付迟延履行期间的债务利息是指被申请执行人的义务是交付金钱，在依法强制其履行义务交付金钱的同时，对他拖延履行义务期间的债务利息，要在原有债务利息上增加一倍，按银行同期贷款最高利率计付，从判决、裁定和其他法律文书指定交付日届满的次日起计算，直至其履行义务之日止。另一种情况是指被申请执行人未按判决、裁定和其他法律文书指定的期间履行非金钱给付义务的，因为拖延履行已给申请执行人造成损失,故应当支付迟延履行金。迟延履行金的数额可以由人民法院根据案件的具体情况另行决定。(9)强制办理有关财产权证照转移手续。《民事诉讼法》第251条规定:"在执行中,需要办理有关财产权证照转移手续的,人民法院可以向有关单位发出协助执行通知书,有关单位必须办理。"

专家支招:

《民事诉讼法》第250条规定:"强制迁出房屋或者强制退出土地,由院长签发公告,责令被执行人在指定期间履行。被执行人逾期不履行的,由执行员强制执行。强制执行时,被执行人是公民的,应当通知被执行人或者他的成年家属到场;被执行人是法人或者其他组织的,应当通知其法定代表人或者主要负责人到场。拒不到场的,不影响执行。被执行人是公民的,其工作单位或者房屋、土地所在地的基层组织应当派人参加。执行员应当将强制执行情况记入笔录,由在场人签名或者盖章。强制迁出房屋被搬出的财物,由人民法院派人运至指定处所,交给被执行人。被执行人是公民的,也可以交给他的成年家属。因拒绝接收而造成的损失,由被执行人承担。"

92.对被执行人存款如何执行?

案例:

某家具公司从某物资公司订购了一批进口木材,用于生产新设计的组合家具,由于投放市场后销售情况不好,一直拖欠某物资公司70万元货款无力给付。对此,某物资公司起诉到法院,法院判决,某家具公司1个月内给付某物资公司木材款70万元及相应的利息。由于某家具公司未能自愿履行生效判决书中确定的义务,某物资公司便向法院申请强制执行。法院受理执行案件后,执行人员持判决书和协助执行通知到某家具公司开户的建设银行,冻结了该家具公司的100万元存款。问:对被执行人存款如何执行?

专家解析:

《民事诉讼法》第242条规定:"被执行人未按执行通知履行法律文书确定的义务,人民法院有权向有关单位查询被执行人的存款、债券、股票、基金份额等财产情况。人民法院有权根据不同情形扣押、冻结、划拨、变价被执行人的财产。人民法院查询、扣押、冻结、划拨、变价的财产不得超出被执行人应当履行义务的范围。人民法院决定扣押、冻结、划拨、变价财产,应当作出裁定,并发出协助执行通知书,有关单位必须办理。"

被执行人未按执行通知履行法律文书确定的义务,人民法院有权向银行、信用合作社和其他有储蓄业务的单位查询被执行人的存款情况;有权冻结、划拨被执行人的存款;但查询、冻结、划拨存款不得超出被执行人应当履行义务的范围。人民法院向银行等查询被执行人的存款情况,目的是了解被执行人的执行能力,为冻结和划拨存款做准备。人民法院对被执行人的银行存款予以冻结不准其支取,目的是为了确保法律文书所确定的权利能够得以实现,并督促被执行人及时履行法律文书所确定的义务。存款一经冻结,银行就不得向被执行人支付。人民法院将被执行人的银行存款强制划入权利人账户内,被执行人因人民法院的划拨而丧失了对这笔存款的所有权，生效的法律文书也因此得以执行。

专家支招：

查询、冻结和划拨被执行人在银行等的存款，是民事执行措施中通常采用的执行措施。根据《最高人民法院关于适用〈中华人民共和国民事诉讼法〉若干问题的意见》第 280 条的规定，人民法院可以直接向银行及其营业所、储蓄所、信用合作社以及其他有储蓄业务的单位查询、冻结、划拨被执行人的存款。外地法院可以直接到被执行人住所地、被执行财产所在地银行及其营业所、储蓄所、信用合作社以及其他有储蓄业务的单位查询、冻结、划拨被执行人应当履行义务部分的存款，无须由当地人民法院出具手续。人民法院在采取这一措施时需注意两个问题：(1)为了保护被执行人的合法权益，查询、冻结、划拨被执行人的存款，不得超出被执行人应当履行义务的范围，否则就会损害被执行人的合法权益。银行等对超出范围的查询、冻结、划拨也有权拒绝。(2)人民法院冻结、划拨存款，应当作出裁定。这一程序上的要求，旨在保证人民法院正确合法地运用这一措施，全面维护当事人的合法权益。

93.如何适用代位执行？

案例：

某汽车销售代理公司因客户逾期支付购车款 20 万元向客户公司住所地人民法院起诉。该法院判决确认客户公司应支付购车款 20 万元及逾期利息。但该客户公司一直未履行生效判决书确定的付款义务，汽车销售公司遂向法院申请强制执行。在法院强制执行过程中，发现某机械制造厂欠被执行人即该客户公司 30 余万元机械设备款。问：如何适用代位执行？

专家解析：

《最高人民法院关于适用〈中华人民共和国民事诉讼法〉若干问题的意见》第 300 条规定："被执行人不能清偿债务，但对第三人享有到期债权的，人民法院可依申请执行人的申请，通知该第三人向申请执行人履行债务。该第三人对债务没有异议但又不在通知指定的期限内履行的，人民法院可以强制执行。现实生活中，被执行人恶意逃避债务，隐匿财产不履行生效判决或者确实无财产供执行时，不妨查询其是否享有到期债务，若有则申请法院代位执行。"

根据最高人民法院《关于人民法院执行工作若干问题的规定（试行）》第 61 条规定，代位执行应具备以下条件：（1）被执行人不能清偿债务，但对本案外的第三人享有到期债权；（2）代位执行必须依申请人或被执行人的申请进行。

专家支招：

代位执行的适用在程序上分为以下几个阶段：（1）申请执行人或被执行人提出代位执行的申请，代位执行的开始只能采用申请方式，而不能由人民法院依职权发动。（2）人民法院向第三人发出履行通知，人民法院接到代位执行申请后，应予审查。审查的重点是代位执行申请在形式上是否符合前述条件，同时也应对被执行人和第三人之间的债权债务关系是否明确、合法且已到期进行审查。经审查，对不符合条件的，应驳回申请;对符合条件的,则向第三人发出履行到期债务的通知。(3)第三人异议,第三人接到履行通知后,有权提出异议。第三人对履行通知的异议一般应当以书面形式提出,口头提出的,执行人员应记入笔录,并由第三人签字或盖章。(4)对第三人强制执行,第三人在履行通知指定的期限内没有提出异议,又不向申请执行人履行的,执行法院有权裁定对其强制执行。此裁定同时送达第三人和被执行人。代位执行完毕,申请执行人与被执行人、被执行人与第三人之间的债权债务关系即行消灭。第三人按照人民法院履行通知向申请执行人履行了债务或已被强制执行后,人民法院应当出具有关证明。

94.在执行过程中被执行人死亡应如何处理?

案例:

　　被执行人张某向申请执行人黄某借款 5 万元,并出具了欠条,约定 3 个月还款。到了约定还款期限被执行人未偿还欠款,申请执行人遂向法院提起了诉讼,法院审结此案,生效法律文书要求被执行人在 15 日内偿还借款。被执行人未履行法律文书确定的义务,申请执行人遂向法院申请了强制执行,本案进入了强制执行阶段后,被执行人出车祸死亡。问:在执行过程中被执行人死亡应如何处理?

专家解析:

　　本案在执行的过程中被执行人张某死亡,依据《中华人民共和国民事诉讼法》第 232 条规定,"作为被执行人的公民死亡的,以其遗产偿还债务。"

专家支招：

《最高人民法院关于适用〈中华人民共和国民事诉讼法〉若干问题的意见》第 274 条规定："作为被执行人的公民死亡，其遗产继承人没有放弃继承的，人民法院可以裁定变更被执行人，由该继承人在遗产的范围内偿还债务。"但如果继承人放弃继承的，人民法院不得变更继承人为被执行人，只能直接执行被执行人的遗产。依据《最高人民法院关于贯彻执行〈中华人民共和国继承法〉若干问题的意见》第 61 条"继承人中有缺乏劳动能力又没有生活来源的人，即使遗产不足清偿债务，也应为其保留适当遗产"。缺乏劳动能力又无生活来源的继承人保留财产应优先于执行债务。

《最高人民法院关于适用〈中华人民共和国婚姻法〉若干问题的解释(二)》第 24 条规定："债权人就婚姻关系存续期间夫妻一方以个人名义所负债务主张权利的，应当按夫妻共同债务处理。"该解释第 26 条规定："夫或妻一方死亡的，生存一方应当对婚姻关系存续期间的共同债务承担连带清偿责任。"如果被执行人所负担的债务属于夫妻共同债务，夫妻双方应承担连带责任。

95.民事诉讼费用的负担是如何确定的？

案例：

林某起诉尚某违约履行合同一案，由于林某证据不足，法院判决林某败诉并承担诉讼费用。问：民事诉讼费用的负担是如何确定的？

专家解析：

根据《民事诉讼法》及相关法律规定：(1)案件受理费由败诉的当事人负担。双方都有责任的由双方分担。共同诉讼当事人败诉，由人民法院根据他们各自对诉讼标的的利害关系，决定各自应负担的金额。其中如有专为自己利益的诉讼行为所支出的费用，由该当事人负担。其他诉讼费用由人民法院根据具体情况，决定当事人双方应负担的金额。(2)第二审人民法院对第一审人民法院的判决作了改判的，除了应当确定当事人对第二审诉讼费用的负担外，还应当相应地变更第一审人民法院对诉讼费用负担的决定。第二审人民法院驳回上诉的案件，上诉的案件受理费由上诉人负担，双方都提出上诉的，由双方分担。(3)经人民法院调解达成协议的案件，诉讼费用的负担，由双方协商解决；协商不成的，由人民法院决定。第二审人民法院审理上诉案件，经调解达成协议的，第一审和第二审全部诉讼费用的负担，由双方协商解决；协商不成的，由第二审人民法院决定。(4)离婚案件诉讼费用的负担，由人民法院决定。(5)撤诉的案件，案件受理费由原告负担，减半收取；其他诉讼费用按实际支出收取。驳回起诉的案件，案件受理费由起诉的当事人负担。(6)申请执行费和执行中实际支出的费用，由被申请人负担。申请诉讼保全措施的申请费和海事海商案件中申请扣押船舶，申请留置货物、燃料的申请费，由败诉方负担。申请船东责任限制的申请费由申请人负担。(7)由于当事人不正当的诉讼行为所支出的费用，由该当事人负担(8)追索赡养费、扶养费、抚育费、抚恤金和劳动报酬的案件，原告不预交案件受理费；案件审结时，由败诉方负担。(9)当事人交纳诉讼费用确有困难的，可向人民法院申请缓交、减交或者免交。是否缓、减、免，由人民法院审查决定。

专家支招：

案件受理费由败诉的当事人负担，本案中林某败诉，诉讼费用应该由林某承担。

96.什么情况下民事诉讼费用可缓交、减交或免交？

案例：

王老太太告四个子女赡养案中，老人的生活陷入困境，没有任何收入，没钱支付诉讼费，于是，她向法院申请免收诉讼费，法院经审查后，免收了她的诉讼费。问：什么情况下民事诉讼费用可缓交、减交或免交？

专家解析：

《民事诉讼法》第118条规定："当事人进行民事诉讼，应当按照规定交纳案件受理费。财产案件除交纳案件受理费外，并按照规定交纳其他诉讼费用。"当事人为维护自己合法权益，向人民法院提起民事诉讼，确有经济困难并具有下列情形之一的，可以向人民法院申请诉讼费缓交、减交、免交。

（1）追索赡养费、扶养费、抚育费、抚恤金的；（2）孤寡老人、孤儿和农村"五保户"；（3）没有固定生活来源的残疾人、患有严重疾病的人；（4）国家规定的优抚、安置对象；（5）追索社会保险金、劳动报酬和经济补偿金的；（6）交通事故、医疗事故、工伤事故、产品质量事故或者其他人身伤害事故的受害人请求赔偿的；（7）因见义勇为或为保护社会公共利益致使自己合法权益受到损害，本人或近亲属请求赔偿或经济补偿的；(8)进城务工人员追索劳动报酬或其他合法权益受到侵害而请求赔偿的；(9)正在享受城市居民最低生活保障、农村特困户救济或者领取失业保险金，无其他收入的；(10)因自然灾害等不可抗力造成生活困难，正在接受社会救济，或者家庭生产经营难以为继的；(11)起诉行政机关违法要求农民履行义务的；(12)正在接受有关部门法律援助的；(13)当事人为社会福利机构、敬老院、优抚医院、精神病院、SOS 儿童村、社会救助站、特殊教育机构等社会公共福利单位的；(14)其他情形确实需要实施缓交、减交、免交诉讼费用的。

专家支招：

当事人向人民法院申请缓交、减交、免交诉讼费用的，应在起诉、上诉时或收到预交诉讼费用通知后 7 日内，向人民法院提出书面申请和足以证明其确有经济困难的证明材料。缓交、减交、免交诉讼费用申请书应载明个人及家庭收入情况，以及请求缓交、减交、免交诉讼费用的理由。因生活困难或者追索基本生活费用申请缓交、减交、免交诉讼费用的，应当提供本人及其家庭经济状况符合当地民政、劳动和社会保障等部门规定的公民经济困难标准的证明。

97.财产案件的受理费该怎样计算？

❀　❀　❀

案例：

王某某向张某借了 15 万元，张某多次索要，王某某都以没钱拒绝还钱,如果张某向法院提起诉讼,应该交纳多少案件受理费?问:财产案件的受理费该怎样计算?

专家解析:

诉讼费用是指当事人进行民事诉讼依法应当向人民法院交纳和支付的费用。诉讼费用可以分为案件受理费和其他诉讼费用两类。案件受理费是指人民法院在受理民事经济纠纷案件时依法向当事人收取的费用。根据国务院最新法院诉讼费收费标准第13条规定,财产案件根据诉讼请求的金额或者价额,按照下列比例分段累计交纳:(1)超过1万元的,每件交纳50元;(2)超过1万元至10万元的部分,按照2.5%交纳;(3)超过10万元至20万元的部分,按照2%交纳;(4)超过20万元至50万元的部分,按照1.5%交纳;(5)超过50万元至100万元的部分,按照1%交纳;(6)超过100万元至200万元的部分,按照0.9%交纳;(7)超过200万元至500万元的部分,按照0.8%交纳;(8)超过500万元至1000万元的部分,按照0.7%交纳;(9)超过1000万元至2000万元的部分,按照0.6%交纳;(10)超过2000万元的部分,按照0.5%交纳。计算方法是按上述标准对诉讼标的额分段计算,之后相加,所得总额即为应收额。

专家支招:

债务、合同纠纷等因财产争议而引起的民事官司,那么,应该按照争议财产数额的一定比例交纳诉讼费。诉讼费的交纳,法律有着严格的规定和相应的计算公式,下面是一种速算公式。

速算方法:(1)1万元以下:( )×50元/件;(2)1万元—10万元:( )×0.025+200元;(3)10万元—20万元:( )×0.02+300元;(4)20万元—

50 万元：（ ）×0.015+1300 元；（5）50 万元—100 万元：（ ）×0.01+3800 元；（6）100 万元—200 万元：（ ）×0.009+4800 元；（7）200 万元—500 万元：（ ）×0.008+6800 元；（8）500 万元—1000 万元：（ ）×0.007+11800 元；（9）1000 万元—2000 万：（ ）×0.006+21800 元；（10）2000 万元以上：（ ）×0.005+41800 元。本案件受理费用为 150000×0.02+300=3300 元。

98.涉外民事诉讼应该遵循哪些原则?

案例：

中国某进出口公司租赁一艘外籍货轮承运进口大米。到我国某港口卸货后中方发现大米有部分被浸湿,损失很大。中方索赔遭拒绝。为此,进出口公司于同年诉至某海事法院,要求外轮船东赔偿一切损失。外轮船东委托中国一名律师作为诉讼代理人,参加本案的全部诉讼活动。问：涉外民事诉讼应该遵循哪些原则?

专家解析：

涉外民事诉讼的一般原则, 既是人民法院审理涉外民事案件的基本准则, 也是涉外民事案件当事人以及诉讼参加人必须遵循的基本准则。(1)适用我国《民事诉讼法》原则。审理涉外民事案件在适用程序方面,按照国际上公认的属地主义原则,应当适用法院所在地国家的程序法。(2)优先适用我国缔结或者参加的国际条约原则。我国《民事诉讼法》第 260 条规定："中华人民共和国缔结或者参加的国际条约同本法有不同规定的,适用该国际条约的规定,但中华人民共和国声明保留的条款除外。"(3)司法豁免原则。我国《民事诉讼法》第261条规定:"对享有外交特权与豁免的外国人、外国组织或者国际组织提起的民事诉讼,应当依照中华人民共和国有关法律和中华人民共和国缔结或者参加的国际条约的规定办理。"(4)委托中国律师代理诉讼原则。我国《民事诉讼法》第262条规定:"外国人、无国籍人、外国企业和组织在我国人民法院起诉、应诉,需要委托律师代理诉讼,必须委托中国律师。"(5)使用我国通用的语言、文字原则。审理涉外民事案件使用本国通用的语言、文字,是国家主权原则的具体体现,也是世界各国通用的准则。我国《民事诉讼法》第240条规定:"人民法院审理涉外民事案件,应当使用中华人民共和国通用的语言、文字。当事人要求提供翻译的,可以提供,费用由当事人承担。"

专家支招:

外国当事人委托中国律师或者其他人代理诉讼的,必须根据我国法律规定,办理有关授权委托手续。《民事诉讼法》第264条规定:"在中华人民共和国领域内没有住所的外国人、无国籍人、外国企业和组织委托中华人民共和国律师或者其他人代理诉讼,从中华人民共和国领域外寄交或者托交授权委托书,应当经所在国公证机关证明,并经中华人民共和国驻该国使领馆认证,或者履行中华人民共和国与该所在国订立的有关条约中规定的证明手续后,才具有效力。"本案被告外轮船东委托中国的律师参加诉讼,完全符合法律规定,体现了国家主权原则,因而法院应该认可。

99.被告在我国领域内没有住所的合同纠纷或 其他财产权益纠纷案件如何确定管辖?

案例:

　　某国的甲公司和乙公司在上海市签订了一份买卖合同,后因为甲公司没有按合同的约定向乙公司支付货款,乙公司向法院提起民事诉讼。问:被告在我国领域内没有住所的合同纠纷或其他财产权益纠纷案件如何确定管辖?

专家解析:

　　因合同纠纷或者侵权纠纷对在我国领域内没有住所的被告提出诉讼,原告可在与争议有一定的联系的地点的人民法院进行选择管辖。根据《民事诉讼法》第24条规定,因合同纠纷或者其他财产权益纠纷,对在中华人民共和国领域内没有住所的被告提起的诉讼,如果合同在中华人民共和国领域内签订或者履行,或者诉讼标的物在中华人民共和国领域内,或者被告在中华人民共和国领域内有可供扣押的财产,或者被告在中华人民共和国领域内设有代表机构,可以由合同签订地、合同履行地、诉讼标的物所在地、可供扣押财产所在地、侵权行为地或者代表机构住所地人民法院管辖。

　　这一规定明确了:(1)因合同纠纷对中国境外的被告提起诉讼,如果合同在中国签订或者履行,或者诉讼标的物在中国,或者被告在中国有可供扣押的财产,或者被告在中国设有代表机构,可以由合同签订地、合同履行地、诉讼标的物所在地、可供扣押财产所在地或者代表机构住所地人民法院管辖。(2)因侵权纠纷对在中国境外的被告提起诉讼,如果侵权行为发生地、结果地在中国,或者被告在中国有可供扣押的财产,或者被告在中国设有代表机构,可以由侵权行为发生地、侵权行为结果地、诉讼标的物所在地、可供扣押财产所在地或者代表机构住所地人民法院管辖。上述财产权益纠纷包括不动产纠纷,即使不动产在国外,只要被告在中国有可供扣押的财产,原告即可向人民法院提起诉讼。

专家支招:

本案属于涉外合同纠纷,因为合同的签订地在中国,所以乙公司可以向合同的签订地人民法院,即上海市中级人民法院提起民事诉讼。

100.涉外离婚案件由哪个法院管辖?

案例:

王某(女)三年前与某国人方某在某国结婚。婚后两人一直分别居住在某国和上海某区,后来感情破裂,王某想通过诉讼离婚,但是由于担心某国的离婚判决书在内地无效,所以想向自己的户籍所在地或者居住地的人民法院提起离婚诉讼。问:涉外的离婚案件由哪个法院管辖?

专家解析：

根据《民事诉讼法》第 5 条的规定，"外国人、无国籍人、外国企业和组织在人民法院起诉、应诉，同中华人民共和国公民、法人和其他组织有同等的诉讼权利义务。"即，外国人和无国籍人同我国公民一样，可以作为民事诉讼的原告、被告起诉或应诉。有关涉外离婚案件应该以"原告就被告"作为地域管辖的一般原则："对公民提起的民事诉讼，由被告住所地人民法院管辖，被告住所地与经常居住地不一致的，由经常居住地人民法院管辖。"

在我国的特殊原则主要体现在：(1)对不在中华人民共和国国内居住的人提起的有关身份关系的诉讼，由原告住所地人民法院管辖；原告住所地与经常居住地不一致的，由原告经常居住地人民法院管辖。(2)在国内结婚后，定居国外的华侨，如定居国法院以离婚诉讼需由婚姻缔结地所属国法院管辖为由不予受理，双方回国要求人民法院处理的，可由原结婚登记地或被告原户籍所在地人民法院受理。(3)在国外结婚，并定居国外的华侨，这类离婚案件人民法院原则上不予受理。如所在国以当事人的国籍所属为理由拒不受理，双方回国要求人民法院处理的，可由被告原户籍所在地人民法院受理。(4)中国公民一方居住在国外，一方居住在国内，不论哪一方向人民法院提起离婚诉讼，国内一方住所地的人民法院都有权管辖。如国外一方在居住国法院起诉，国内一方向人民法院起诉的，受诉人民法院有权管辖。(5)中国公民双方在国外但未定居，一方向人民法院起诉离婚的，应由原告或者被告原住所地的人民法院管辖。(6)涉港、澳、台的离婚案件的管辖，比照涉外案件处理。(7)双方当事人均是外国人的，如果双方的婚姻缔结地是在中国的，我国法院有管辖权,如果双方的婚姻缔结地在国外,此时我国法院一般不受理;如果双方达成离婚协议的,我国法院可以受理管辖。

专家支招：

根据我国《民事诉讼法》关于管辖权的规定,中国公民一方居住在国外,一方居住在国内,不论哪一方向人民法院提起离婚诉讼,国内一方住所地的人民法院都有权管辖。如国外一方在居住国法院起诉,国内一方向人民法院起诉的,受诉人民法院有权管辖。本案中王某可以向自己的户籍所在地或者居住地的人民法院提起离婚诉讼。